技工教育汽车类专业概论系列教材

智能网联汽车技术应用专业概论

刘海峰 主 编
郇延建 张 超 副主编

人民交通出版社股份有限公司
北 京

内 容 提 要

本书是技工教育汽车类专业概论系列教材之一,主要内容分为智能网联汽车技术应用专业概述、智能网联汽车技术应用专业人才培养概述、智能网联汽车技术应用专业技术概述、智能网联汽车技术应用专业学习成长规划四个项目。项目下又分若干个任务,每个任务包括任务目标、任务内容、活动场景、活动目标、活动计划、活动资源、活动展示、活动评价八个部分。

本书可作为技工类院校汽车类相关专业的概论教材,也可作为汽车类相关专业建设的参考书。

图书在版编目(CIP)数据

智能网联汽车技术应用专业概论/刘海峰主编. —北京:
人民交通出版社股份有限公司,2021.8
 ISBN 978-7-114-17471-1

Ⅰ.①智… Ⅱ.①刘… Ⅲ.①汽车—智能通信网—技术教育—教材 Ⅳ.①U463.67

中国版本图书馆 CIP 数据核字(2021)第 133880 号

Zhineng Wanglian Qiche Jishu Yingyong Zhuanye Gailun

书　名:	智能网联汽车技术应用专业概论
著 作 者:	刘海峰
责任编辑:	郭　跃
责任校对:	孙国靖　魏佳宁
责任印制:	刘高彤
出版发行:	人民交通出版社股份有限公司
地　　址:	(100011)北京市朝阳区安定门外外馆斜街 3 号
网　　址:	http://www.ccpcl.com.cn
销售电话:	(010)59757973
总 经 销:	人民交通出版社股份有限公司发行部
经　　销:	各地新华书店
印　　刷:	北京虎彩文化传播有限公司
开　　本:	787×1092　1/16
印　　张:	8.75
字　　数:	162 千
版　　次:	2021 年 8 月　第 1 版
印　　次:	2024 年 8 月　第 3 次印刷
书　　号:	ISBN 978-7-114-17471-1
定　　价:	40.00 元

(有印刷、装订质量问题的图书由本公司负责调换)

前言

近年来,汽车行业迅猛发展,产销量大幅增长。各职业院校根据市场需求,相继开设了智能网联汽车技术应用专业。选择适用的教材,对于院校专业建设至关重要。技工教育汽车类专业概论系列教材是在各行业、企业技术专家的大力协助下编写而成。

本系列教材在编写过程中,采用职业院校大力推广的"基于工作过程的任务教学法"体例。项目规划科学,任务分解合理,利于教学过程中的讲解与活动组织。本系列教材依据现行业、企业与学校的实际情况进行编写,实现概论教学与专业课、专业基础课、文化基础课企业实践无缝对接。

本书由山东交通技师学院刘海峰担任主编,由郇延建、张超担任副主编,由刘海峰负责统稿。书中共有4个项目16个任务,项目一由郇延建编写,项目二由吴昊编写,项目三由张超编写,项目四由孔旭编写。

限于编者水平,书中难免有疏漏和错误之处,恳请广大读者提出宝贵建议,以便进一步修改和完善。

编 者
2021 年 5 月

目录

项目一　智能网联汽车技术应用专业概述 ……………………………………… 1
　　任务一　了解智能网联汽车技术应用专业发展背景 ………………………… 1
　　任务二　知道智能网联汽车发展现状 ………………………………………… 10
　　任务三　了解智能网联汽车发展趋势 ………………………………………… 26

项目二　智能网联汽车技术应用专业人才培养概述 …………………………… 33
　　任务一　认识工作岗位 ………………………………………………………… 33
　　任务二　知道能力需求 ………………………………………………………… 36
　　任务三　了解课程设置 ………………………………………………………… 41
　　任务四　熟悉保障措施 ………………………………………………………… 52

项目三　智能网联汽车技术应用专业技术概述 ………………………………… 58
　　任务一　自动驾驶系统 ………………………………………………………… 58
　　任务二　智能汽车感知与定位技术 …………………………………………… 69
　　任务三　智能汽车关键控制技术 ……………………………………………… 83
　　任务四　智能汽车驾驶辅助技术 ……………………………………………… 92
　　任务五　智能汽车测试与评价技术 …………………………………………… 98

项目四　智能网联汽车技术应用专业学习成长规划 …………………………… 108
　　任务一　学习榜样 ……………………………………………………………… 108
　　任务二　认识学习成长规划 …………………………………………………… 113
　　任务三　知道学习成长规划过程 ……………………………………………… 118
　　任务四　撰写学习成长规划书 ………………………………………………… 129

参考文献 ………………………………………………………………………… 133

项目一　智能网联汽车技术应用专业概述

任务一　了解智能网联汽车技术应用专业发展背景

任务目标

（1）能简单介绍智能网联汽车专业发展背景。
（2）能流畅说出自动驾驶等级划分的内容。

任务内容

活动一："智能网联汽车的前世今生"电子图册制作
活动二：针对当前汽车产品的"吐槽大会"

活动一："智能网联汽车的前世今生"电子图册制作

伴随着社会的进步、科技的发展，人们期望汽车能够被赋予更多的功能来让生活变得更加便捷。然而传统汽车显然无法满足这种要求。汽车——这一"工业皇冠上的明珠"面临着又一次的迭代升级。

目前，我国汽车技术正朝着电动化、智能化、网联化、共享化的"四化"方向发展，这给汽车工业的发展带来了巨大的挑战和机遇。智能网联汽车不仅可提供更安全、更舒适、更节能、更环保的驾驶方式，还会带来汽车产品和技术的升级，从而重塑汽车及相关产业全业态和价值链体系。在学习之初，我们迫切地想要了解智能网联汽车专业的发展背景。我愿意同我的小伙伴们一起把我们对"智能网联汽车的前世今生"进行梳理，并做成电子图册介绍给大家。

活动场景

在班级内以分组发言的形式将汽车的发展史以及智能网联汽车的发展背景,通过若干汽车行业的标志性事件介绍给身边的同学,并将自己收集到的资料进行整理,做成电子图册。

活动目标

(1)能使用普通话流利地介绍汽车的产生、发展过程,以及智能网联汽车的特点。

(2)能合理安排组内分工,在规定时间内合作完成资料的收集、整理、撰稿。

活动计划

1. 分工

2 名材料收集员:_____　　1 名拍照人员:_____

2 名撰稿人员:_____　　1 名编辑:_____

1 名发言人员:_____　　1 名后勤:_____

2. 材料收集

_____

_____

3. 电子图册制作思路

_____

_____

活动资源

一、汽车的产生

1879 年,德国工程师卡尔·本茨首次实验成功一台二冲程实验性发动机,并于 1885 年 10 月研制成功世界上第一辆三轮汽车,如图 1-1-1 所示。该车采用二冲程单缸 662W 的汽油机作为动力,具备火花点火、循环、钢管车架、钢板弹簧悬架、后轮驱动、前轮转向和转动把手等结构。

德国人戴姆勒在 1885 年末对四轮马车进行了改装,成功发明了世界上第一辆四轮汽车。相比马车,该车增加了转向、传动装置,安装了功率为 1.1kW 的内燃机,使车速能够达到 14.4km/h。卡尔·本茨于 1886 年 1 月 29 日为该发明专利立案。因此 1 月 29 日被认为是世界汽车诞生日,1886 年也被定为世界汽车诞生年。

图 1-1-1　第一辆马车式三轮汽车

二、汽车技术的发展过程

伴随着第三次工业革命和信息革命,汽车技术逐渐从机械化向电子化、电控化方向转变。近年来,随着电子技术、计算机技术和信息技术的应用,汽车电子技术、电子控制技术得到了迅猛的发展,大致经历了四个阶段:初级阶段、迅速发展阶段、电子技术逐渐向智能化发展阶段和电子技术向智能化、网联化、自动化发展阶段。

1. 汽车电子技术发展的初级阶段

20 世纪五六十年代是汽车电子技术发展的初级阶段,该阶段主要是一些汽车厂家开始研发单一的电子零部件,用于改善汽车某些机械部件的性能。此外,采用一些简单的电子设备取代以前的机械部件。这一阶段具有代表性的汽车电子器件主要有电子式间歇刮水控制器、电压调节器、晶体管无触点点火装置、电子闪光器等。

2. 汽车电子技术迅速发展阶段

20 世纪 70 年代初到 20 世纪 80 年代中期是汽车电子技术迅速发展阶段,该阶段主要是开发汽车各系统专用的独立控制部分,将电子装置应用于某些机械装置无法解决的复杂控制功能方面,如发动机控制系统、防抱死制动系统(Antilock Brake System,ABS)等。对于电动汽车,电子控制技术还有整车控制、电机控制和电池管理等功能,主要满足用户对能源利用率和汽车性能的需求。

3. 电子技术逐渐向智能化发展阶段

20 世纪 80 年代中期到 20 世纪 90 年代中期是微型计算机在汽车上应用日趋成熟并向智能化发展的阶段。该阶段主要是开发可完成各种功能的综合系统及各种汽车整体系统的微型计算机控制,如集发动机控制与自动变速器控制为一体的动力传动控制系统、防滑转控制系统等。

4. 电子技术向智能化、网联化、自动化发展阶段

20 世纪 90 年代中期至今是汽车电子技术向智能化、网联化、自动化发展的

阶段。该阶段微型计算机运算速度和存取位数大大提高,网络和通信技术迅速发展,车辆的智能控制和网络控制技术应运而生。这一阶段具有代表性的系统主要有通信与导航协调系统、安全驾驶检测与报警系统、自动防追尾碰撞系统、自动驾驶系统和电子地图等。

三、智能网联汽车的发展

在炎热的夏天,如果从办公室下班时,在进入汽车前就能打开车内的空调,上车后就会很舒适。车辆将要通过路口时,如果能及时接收到信号灯的状态,就可以提前作出通过路口或减速的预判,有效减少闯红灯的现象。前方车辆在紧急制动时,如果能及时将信息告知后方车辆,便可以避免发生连环追尾事故。

上述场景的实现要求汽车能够达到高度的智能化,并且能够和外界进行信息的沟通。智能网联汽车的出现就能够很好地满足人们的上述需求。

智能网联汽车(Intelligent Connected Vehicle,ICV),是指搭载先进的车载传感器、控制系统、执行器等装置,并融合现代通信与网络技术,能够实现车与X(车、路、人、云端等)之间的智能信息交换、共享,且具备复杂环境感知、智能决策、协同控制等功能的汽车。

图1-1-2 智能网联汽车实现智能信息交换示意图

智能网联汽车是汽车与信息、通信等产业跨界融合的典型应用(图1-1-2),它融合了自主式智能汽车与网联式智能汽车的技术优势,且技术架构较前两者更为复杂。智能网联汽车可实现安全、高效、舒适、节能行驶,并最终可实现替代人为操作的新一代汽车。整体而言,以智能网联汽车为产品形态的车联网技术是汽车、电子、信息通信、道路交通运输等行业深度融合的新型产业形态。

活动展示

教师组织班级内部分组进行,师生共同制定评分标准,各组选派代表参加,参赛选手在规定时间内呈现本组活动成果,其他全体同学现场观摩,根据选手表现投票,获得点赞量最多的小组获胜。

活动评价

本活动的活动评价表见表 1-1-1。

活 动 评 价 表　　　　　　　表 1-1-1

评分项（占比）	是否达到目标（30%）	活动表现（40%）	职业素养（30%）
评价标准（占比）	1.完全达到； 2.基本达到； 3.未能达到	1.积极参与； 2.主动性一般； 3.未积极参与	1.大幅提高； 2.略有提高； 3.没有提高
自我评价(20%)			
组内评价(20%)			
组间评价(30%)			
教师评价(30%)			
总分(100%)			
自我总结			

活动二：针对当前汽车产品的"吐槽大会"

智能网联汽车专业的发展，是因为当前的各类汽车均存在着这样或那样的不足或缺陷，不能满足人们在汽车使用上的需求。为了更好地了解人们的需求，挖掘当前汽车产品在功能或使用上的不足，论证汽车功能的研发方向，我们需要走访汽车生产厂家、4S 店、维修站、汽车配件城、二手车市场和汽车用户，去收集当前汽车产品在功能和使用上给用户们带来的痛点。由此我们在班级内举办一次针对当前汽车产品的"吐槽大会"，一同探讨今后汽车产业的发展方向。

活动场景

化身小记者走访企业、收集资料，了解汽车行业中上、下游企业对当前汽车产业的认识。整合你所收集到的资料和信息,在小组内形成共识。由本组发言人在"吐槽大会"中阐述本组观点。

活动目标

(1)走访企业、查阅资料,深入了解当前汽车产品的局限性。

(2)小组内合理安排分工,在规定时间内合作完成资料的收集、整理,制作一份演示文稿(Power Point,PPT)辅助发言人阐述本组观点。

活动计划

1. 分工

2 名内容收集人员:_____   1 名拍照人员:_____

1 名撰稿人员:_____   2 名编辑:_____

1 名发言人员:_____   1 名后勤:_____

2. 设备准备

_____

_____

3. 小组计划

_____

_____

活动资源

我国汽车产业将向电动化、智能化、网联化、共享化的"四化"的方向发展。为何会确定这几项发展方向呢？这就要从我们社会发展趋势以及用户需求来逐一分析。

一、电动化

传统的内燃机汽车,是以汽柴油作为动力来源。众所周知,石油作为一种不可再生的化石能源,其储量已日渐枯竭,寻找它的替代能源已经是社会的共识。随着我国工业化进程的发展,我国电力发展突飞猛进,发电量稳居世界第一,为经济发展和社会进步提供了大量平价、优质、可靠的电力资源。另外,纯电动汽车在工作时不会向外界排放有害气体,对环境保护有着积极的作用。

从能源利用的效率方面讲,传统燃油汽车发动机最高的热效率为40%左右,实际用于车辆驱动的能量占比仅为30%左右。大部分的燃油能量在燃烧后排放至大气中,加剧了温室效应。而纯电动汽车使用电机驱动,能量的利用效率可达60%以上。在国家节能减排、排放法规等硬性要求下,同时在一系列政策、宣传、补贴的刺激下,消费者逐渐开始接受和购买纯电动汽车。由此,电动化是我国汽车工业发展的大趋势。

但是,纯电动汽车也有它自身的短板,制约着用户的使用。动力电池在使用过程中,蓄电能力会不断下降,从而引发用户的"续驶焦虑"。虽然目前市场上量产的纯电动汽车综合续驶里程基本都在400km以上,但是在低温条件下,纯电动汽车动力电池的自身电量和充放电功率都会有所衰减(-7℃时电量衰减10%左右)。所以,低温条件下动力电池衰减的电量就会对续驶里程、整车动力、充电速率产生影响。动力电池的这些短板,非常不利于纯电动汽车在我国高纬度地区的推广。此外,充电速率慢、充电设施密度小等不利因素,都是汽车电动化发展路程中急需解决的问题。

二、智能化

现实生活中,驾驶人在驾驶过程中一旦产生如分心驾驶或疲劳驾驶等情况,就极有可能造成严重的后果。据统计,造成交通事故的因素中,90%都是人为因素。因此,减少驾驶人对车辆行驶的干预,是提高车辆安全行驶能力的有效手段。那么怎样减少驾驶人的干预呢?这就要借助于汽车智能化。目前,我国的很多汽车厂家已经完成了汽车智能化的基础阶段——高级驾驶辅助系统(Advanced Driver Assistance System,ADAS)。比如,很多量产的汽车已经装配了360°全景环视系统、车道偏离预警系统、汽车自动防撞系统、抬头显示系统等。不仅如此,随着人工智能技术的发展,车辆可在起动前自动识别驾驶人身份,保证其身份合规。车辆在行驶过程中,人工智能装置可通过不断扫描、跟踪、记录驾驶人行车中的微表情,自动识别驾驶人是否属于疲劳驾驶状态,并将情况及时反馈给后台。如出现异常状况,汽车能够及时作出警示,这样就最大限度保障了行车安全。高级驾驶辅助系统还可对车辆行驶中的分道限速进行管控,做到按实际运行道路给予车辆远程分路段超速报警提示,实现车辆驾驶的全程安全合规。这些都是预防事故发生的主动安全功能,也为今后无人驾驶汽车的研发铺平了道路。

三、网联化

在如今这个讲究效率和"时间就是金钱"的时代,交通的便捷给人类带来的益处是巨大的。如果在行车过程中能够实时掌握周边路况信息以及周边车辆的行驶状态,通过高效的运算系统来为汽车提供最佳行车方案,那么我们的交通安全以及出行效率将会得到极大提高。

汽车的网联化能够为交通安全、节能环保、城市拥堵和便捷出行提供终极解决方案。交通安全事故可降低到目前的1%,交通效率可提高至少10%,协同式交通系统可提高汽车燃油经济性20%～30%。

在我国政府工作报告中首次出现"物联网"词汇半年后,2010年,汽车行业顺势推出了"车联网"的概念。"车联网"技术可多角度、多层次地对车辆运行数据进行记录和分析。现在,不少国内的汽车厂家拥有了大量实时数据的云计算能力,并可向阿里云迁移,进行数据存储。

2020年2月24日,国家发展和改革委员会等11部委联合印发《智能汽车创新发展战略》。《智能汽车创新发展战略》的发布可以说是我国在智能汽车领域发起进攻的一声号角。其拟定的中国发展智能汽车的战略愿景如下:到2025年,中国标准智能汽车的技术创新、产业生态、基础设施、法规标准、产品监管和网络安全体系基本形成。实现有条件自动驾驶的智能汽车达到规模化生产,实现高度自动驾驶的智能汽车在特定环境下市场化应用。智能交通系统和智慧城市相关设施建设将取得积极进展,车用无线通信网络(LTE-V2X等)实现区域覆盖,新一代车用无线通信网络(5G-V2X)在部分城市、高速公路逐步开展应用,高精度时空基准服务网络实现全覆盖。

展望2035—2050年,我国全面建成标准智能汽车体系。安全、高效、绿色、文明的智能汽车强国愿景逐步实现,智能汽车将充分满足人民日益增长的美好生活需要。

2020—2025年,随着第五代移动通信技术(5G)正式商用,车用无线通信网络从LTE-V2X过渡到5G-V2X,逐步实现"人-车-路-云"高度协同。5G技术真正的应用场景,不是人与人的通信,更多的是用于物与物的通信,如工业互联网、车联网等场景。5G高至10～20Gbps峰值速率,可加速T-Box前装、加速动态数字地图更新,提高车载智能终端的渗透率。5G具有低延时、高可靠、大容量、大带宽以及多并发数等特点,可以实时感知临近车辆的位置、速度、驾驶方向并进行驾驶意图判别,而且可以实时感知附近道路环境等。5G也可以提高车和路相关基础设施的通信能力,进一步提升车路协同的效应,进而提升交通出行的效率和安全度。

四、共享化

对于经常离家的人,无论是外出旅游还是出差,如果是能够有一台汽车在目的地随时使用,无疑会对出行提供很大的帮助。尤其是在当今的互联网时代,出行领域催生的"共享经济"确实给我们带来了便利。而现在的大部分私家车通常都是整天停放在停车场中,无形中造成了大量的资源浪费。汽车共享化就可以依托信息技术来提高该类资源的利用效率。目前,我们已经能够看到各种汽车共享服务。

活动展示

教师安排活动流程,师生共同制定评分标准,各组选派代表在规定时间内介绍本组观点,其他全体同学可现场提问,根据各组表现进行评分,最后评出获胜小组进行表扬。

活动评价

本活动的活动评价表见表1-1-2。

活 动 评 价 表 表1-1-2

评分项 (占比)	是否达到目标 (30%)	活动表现 (40%)	职业素养 (30%)
评价标准 (占比)	1. 完全达到; 2. 基本达到; 3. 未能达到	1. 积极参与; 2. 主动性一般; 3. 未积极参与	1. 大幅提高; 2. 略有提高; 3. 没有提高
自我评价(20%)			
组内评价(20%)			
组间评价(30%)			
教师评价(30%)			
总分(100%)			
自我总结			

任务二　知道智能网联汽车发展现状

任务目标

（1）能简单介绍智能网联汽车的发展现状。
（2）能详细介绍至少1家智能网联汽车企业。

任务内容

活动一："行业大事我来说"专题播报
活动二："我最看好的智能网联汽车企业"电子宣传图册制作

活动一："行业大事我来说"专题播报

研究表明，先进的智能驾驶辅助技术可以减少30%左右的交通事故，提高10%的交通效率，降低5%的燃油消耗和排放。如果进入智能网联汽车的全自动驾驶状态，极有可能将交通效率提高30%以上，并几乎完全避免交通事故，帮助人类摆脱烦躁的驾驶任务以及交通事故带来的困扰。

在美国、欧洲、日本等发达国家和地区，自动驾驶技术是未来交通发展的重要方向。美国、日本、德国等发达国家和政府在技术研发、道路测试、标准法规和政策等方面，为智能网联汽车的发展提供了条件。为了加快自动驾驶商业化，在相关政策支持下，我国针对以上方面的研究也很活跃，为自动驾驶技术的开发和测试创造了坚实的基础。

为了能让同学们更好地了解智能网联汽车的发展现状，我愿意通过班级内部"行业大事我来说"的活动向大家介绍。

活动场景

通过班级内部播报的形式，将智能网联汽车的发展现状介绍给周围的同学。

项目一　智能网联汽车技术应用专业概述

> **活动目标**

（1）能使用普通话流利地介绍国内外智能网联汽车的发展现状,以及我国在这方面所取得的成果。

（2）能合理安排组内分工,在规定时间内合作完成资料的收集、整理、撰稿。

> **活动计划**

1. 分工

2名材料收集员：_____　　　1名拍照人员：_____
2名撰稿人员：_____　　　　1名编辑：_____
1名播报人员：_____　　　　1名后勤：_____

2. 设备准备
_____
_____

3. 小组计划
_____
_____

> **活动资源**

为了让同学们更好地了解当前智能网联汽车的发展态势,我们从当今主流智能网联汽车的组成、自动驾驶的等级划分以及国内外智能网联汽车的发展现状三个方面为大家厘清思路。

一、智能网联汽车的组成

智能网联汽车相关概念之间的相互关系如图1-2-1所示。其中,智能交通系统是包括但不限于智能汽车在内的综合交通管理系统,包括智能道路、智能交通设施等,是智能网联汽车应用的领域。车联网体系是汽车智能化、网联化最重要的载体,只有充分利用互联技术,才能保障智能网联汽车真正拥有充分的智能和互联。

智能汽车本身具备自主的环境感知能力,可以作为车联网体系的一个重要节点,通过V2X技术(Vehicle to X,车对外界的信息交换)实现车与车、车与路、

11

车与人、车与云平台之间的信息通信。智能汽车中的感知系统,可以对周围环境进行识别,作为智能驾驶系统的决策依据。

图 1-2-1　智能网联汽车相关概念的相互关系

车联网架起了智能汽车与其他对象之间的信息沟通桥梁,智能网联汽车结合了智能汽车和车联网的特点,通过车联网获得智能交通系统的信息,通过车内网络通信获得自车状态与周边环境感知信息,并通过车联网分享智能交通信息。

智能网联汽车系统由环境感知层、智能决策层以及控制和执行层组成。

1. 环境感知层

环境感知层的主要功能是通过车载环境感知技术(如视觉、雷达、高精度定位与导航等)、车内网技术、4G/5G 及 V2X 无线通信技术等,实现对车内与车外(如道路、车辆和行人等)静、动态信息的提取和收集,并向智能决策层输送信息,这是智能网联汽车各类功能实现的前提,如图 1-2-2 所示。

图 1-2-2　智能网联汽车中的 V2X 系统

2. 智能决策层

智能决策层的主要功能是接收环境感知层的信息并进行分析、处理,作出自动驾驶行为决策。智能决策层可以根据识别的道路、车辆、行人、交通标志和交通信号等理解驾驶环境,分析和判断车辆需要采取的驾驶模式和决策将要执行的操作,并向车辆控制和执行层输送指令。智能决策层是智能网联汽车各项功能得以实现的核心。

3. 控制和执行层

控制和执行层的主要功能是根据智能决策层的指令操作和控制车辆,并通过交互系统向驾乘人员提供道路交通信息、安全信息、娱乐信息、救援信息、商务办公、在线消费等信息与服务,提供安全驾驶、舒适驾乘和智能交互等功能。

控制和执行层主要依赖于车辆底盘(转向、制动、驱动等)线控和车身电子电器(车门、车灯、仪表等)实现车辆的自动控制,以及智能网联系统与车内驾乘人员的交互。

智能化和网联化是未来汽车工业的发展趋势。目前,智能网联汽车的发展还处于初级阶段,这是辅助驾驶、半自动驾驶和全自动驾驶智能网联汽车逐渐成熟并得到广泛应用所必经的阶段。通过智能化和网联化的发展提高汽车的安全性,以及及时预警、合理的路径规划和主动控制来避免交通事故、降低能源消耗、减轻交通拥堵压力,满足消费者更多的安全、节能、舒适等功能需求。随着各项技术的进步与发展成熟,以及消费者需求的日益提升,汽车的智能化和网联化势在必行。

智能网联汽车未来的发展趋势,从宏观角度看,是一个非常重要的移动终端,既满足出行需求又提供了各类可能的交互场景;从微观角度看,是一个具备高度集成化的智能移动空间。

智能网联汽车是一个网络互联并兼具智能化的系统,可以实现以下区别于传统汽车的典型功能:

(1)空中升级。智能网联汽车从云端接收OTA(Over-the-Air Technology,空中下载技术)更新,驾驶人将会受益于新的安全特性和系统功能,并可以根据自己的喜好定制新服务。

(2)辅助/自动驾驶。智能网联汽车可以通过避免危险来提高驾驶人的安全性,例如出现分心驾驶、有障碍物或者恶劣天气时,车辆可以提前提醒驾驶人注意道路交通安全;或者在驾驶人感觉疲劳或者不愿意继续驾驶车辆时以自动驾驶代替人工驾驶。

(3)车辆维护。车辆维护是保障交通安全的另一个重要组成部分。智能网联汽车在使用过程中,能够帮助用户避免故障发生。通过监控车辆零件的磨损和使用信息,结合用户的驾驶习惯预测即将到来的维护需求,智能网联汽车可根据特定的车辆状况和使用情况发送维护提醒和车辆诊断报告。

(4)紧急救援。当车辆发生交通事故时,智能网联汽车可以通过紧急救援功能,自动向交管中心或维修中心发送请求紧急救援信息。

智能网联汽车包括了自动驾驶汽车的感知系统、决策系统和执行系统等物理结构，但同时也需要各类关键技术实现各类典型功能。智能网联汽车涉及的关键技术有：

（1）环境感知技术。环境感知技术包括机器视觉图像识别技术、雷达（激光、毫米波、超声波）周边障碍物检测技术、车辆网络通信技术、多源信息融合技术、传感器冗余设计技术等。

（2）智能决策技术。智能决策技术包括风险建模技术、全局路径规划技术、局部路径规划技术、驾驶模式分析技术等。

（3）控制执行技术。控制执行技术包括驱动/制动控制、转向控制、基于驱动/制动/转向/悬架的集成底盘控制、车队列协同和车辆道路协调控制、人机交互技术等。

（4）2X通信技术。2X通信技术包括车辆专用通信系统、车与车信息共享与协同控制通信保障机制、移动自组织网络技术、多模通信融合技术等。

（5）云平台和大数据技术。云平台和大数据技术包括智能网联汽车云平台架构和数据交互标准、云操作系统、数据高效存储和检索技术、大数据关联分析和数据挖掘技术等。

（6）信息安全技术。信息安全技术包括汽车信息安全建模技术、通信加密机制、证书管理、密钥管理、汽车信息安全测试方法、信息安全漏洞应急机制等。

（7）高精度地图和高精度定位技术。高精度地图和高精度定位技术包括高精度地图数据模型和采集方式标准化技术、交换格式和物理存储技术、基于卫星定位系统和差分增强的高精度定位技术、多源辅助定位技术等。

（8）标准与法规。标准与法规包括智能网联汽车整体标准体系，以及涵盖汽车、交通、通信等各个领域的关键技术标准。

（9）试验评价。试验评价包括智能网联汽车试验评价方法和试验环境建设。

二、自动驾驶的等级划分

智能网联汽车的终极目标是能够实现自动驾驶的技术水平。为了实现自动驾驶的技术等级，研发人员对自动驾驶的技术等级进行了划分。

美国汽车工程师学会（SAE）及美国国家高速公路交通安全管理局（NHTSA）分别对自动驾驶的等级作出了划分，见表1-2-1。

SAE 和 NHTSA 的自动驾驶等级划分   表 1-2-1

分级		L0	L1	L2	L3	L4	L5
名称		无自动化	驾驶支持	部分自动化	有条件自动化	高度自动化	完全自动化
定义		由驾驶人全权驾驶汽车，在行驶过程中可以得到警告	通过驾驶环境对转向盘和加减速中的一项操作提供支持，其余由驾驶人操作	通过驾驶环境对转向盘和加减速中的多项操作提供支持，其余由驾驶人操作	由无人驾驶系统完成所有的驾驶操作，根据系统要求，驾驶人提供适当的应答	由无人驾驶系统完成所有的驾驶操作，根据系统要求，驾驶人不一定提供所有的应答；限定道路和环境	由无人驾驶系统完成所有的驾驶操作，在可能的情况下，由驾驶人接管；不限定道路和环境
主体	驾驶操作	驾驶人	驾驶人/系统	系统	系统	系统	系统
	周边监控	驾驶人	驾驶人	驾驶人	系统	系统	系统
	支援	驾驶人	驾驶人	驾驶人	驾驶人	系统	系统
	系统作用域	无	部分	部分	部分	全域	全域

我国以较权威的 SAE 分级定义为基础,并考虑我国道路交通情况的复杂性,加入了对应级别下智能系统能够适应的典型工况特征,将智能网联汽车的智能化等级划分为 5 级,见表 1-2-2。

我国对智能网联汽车的智能化等级划分　　　　表 1-2-2

智能化等级	等级名称	等级定义		控制	监视	失效应对	典型工况
1	辅助驾驶（DA）	人监控驾驶环境	系统根据环境信息对驾驶方向和加减速中的一项操作提供支援,其他驾驶操作由驾驶人完成	驾驶人与系统	驾驶人	驾驶人	车道内正常行驶,高速公路无车道干涉路段,停车工况
2	部分自动驾驶（PA）		系统根据环境信息对驾驶方向和加减速中的多项操作提供支援,其他驾驶操由驾驶人完成	驾驶人与系统	驾驶人	驾驶人	高速公路及市区无车道干涉路段,换道、换道绕行、拥堵跟车等工况
3	有条件自动驾驶（CA）	自动驾驶系统监控驾驶环境	由自动驾驶系统完成所有驾驶操作,根据系统请求,驾驶人需要提供适当的干预	系统	系统	驾驶人	高速公路正常行驶工况,市区无车道干涉路段

续上表

智能化等级	等级名称	等级定义		控制	监视	失效应对	典型工况
4	高度自动驾驶（HA）	自动驾驶系统监控驾驶环境	由自动驾驶系统完成所有驾驶操作，在特定环境下系统会向驾驶人提出响应请求，驾驶人可以对系统请求不进行响应	系统	系统	系统	高速公路全部工况及市区有车道干涉路段
5	完全自动驾驶（FA）		自动驾驶系统可以完成驾驶人能够完成所有道路环境下的操作，不需要驾驶人介入	系统	系统	系统	所有行驶工况

三、国内外智能网联汽车的发展现状

1. 美国自动驾驶汽车技术发展现状

早在2013年，NHTSA就发布了《关于自动驾驶仪车辆控制政策的初步意见》，并制定了支持自动驾驶技术发展和推广的自动驾驶考核标准。2016年9月，为有效利用技术变化提供指导，美国运输部发布了一项《联邦自动驾驶汽车政策》，为自动驾驶安全部署提供政策监管框架。2017年9月，美国发布了一项车辆升级与驾驶政策《自动驾驶系统：安全愿景2.0》，该政策不仅被业界视为自动驾驶汽车发展的指导方针，而且代表了美国联邦政府对自动驾驶的态度。

2017年9月，美国众议院一致通过了《自动驾驶法案（SELF DRIVE ACT，HR.338）》，为美国自主车辆的成功开发、技术创新、技术测试和安全部署提供了重要支持。该法案要求自动驾驶汽车制造商或系统供应商向监管机构提交安全评估证书，以证明其自动驾驶汽车在数据、产品和功能方面采取了充分的安全措施。同时，该法案还要求制订隐私保护计划，其中包括存储和使用车辆及乘客信息的保护措施。

2018年10月，最新发布的《未来交通准备：自动驾驶3.0》表明美国运输部将努力消除妨碍自动驾驶车辆发展的政策和法规，并支持将自动驾驶车辆纳入整个交通系统。

美国的一些州政府也有自己的政策法案，允许自动驾驶车辆的公开道路测试。加利福尼亚州是世界上第一个通过无人驾驶汽车公开道路测试官方法规的地区，也是美国国家高速公路交通安全管理局总部的所在地，开放、宽容和权威使其成为全球无人驾驶汽车测试的主要基地。2011年，内华达州率先通过了自动驾驶汽车立法，解决了该州公路上自动驾驶汽车的路试问题。2012年9月，加利福尼亚州出台了更加宽松的汽车驾驶法规，确立了"促进和保障无人驾驶汽车安全"的立法理念，努力为自动驾驶技术的发展扫清道路。随后，美国包括佛罗里达州、哥伦比亚特区和密歇根州在内的数十个州颁布了数十项自主车辆交通政策和法规，以促进美国自动驾驶和人工智能产业的发展。2018年2月底，加利福尼亚州再次放宽了允许无人驾驶的政策，过去监管机构要求无人驾驶汽车在公共道路上进行测试时需要有安全员负责车辆行驶与控制监管，而这一要求得到放宽，并于2018年4月2日起开始施行。图1-2-3所示为公开道路测试中的Waymo无人驾驶汽车。

图1-2-3　公开道路测试中的Waymo无人驾驶汽车

2. 德国自动驾驶汽车技术发展现状

欧盟于2012年颁布法规，要求所有商用车在2013年11月之前安装自动制动（Autonomous Emergency Braking，AEB）系统。自2014年起，在欧盟市场销售的所有新车都必须配备AEB系统，没有该系统的车辆将很难获得E-NCAP五星级安全认证。沃尔沃的城市安全系统、本田的碰撞缓解制动系统（Collision Mitigation Brake System，CMBS）和梅赛德斯-奔驰的预警安全系统（Pre-Safe）都属于这类系统。戴姆勒的梅赛德斯-奔驰S系列汽车、配备激光雷达的奥迪A8可以实现在遇到交通堵塞时自动跟踪前方汽车,提供缓解交通拥堵功能。数据显示,从 2010 年 1 月到 2017 年 7 月,全世界共有 5839 项与自动驾驶汽车相关的技术专利。在专利数量最多的十家公司中,六家是德国公司,三家是美国公司。德国的博世拥有 958 项专利,远远高于排名第二的奥迪。自德国加入的《维也纳道路交通公约》要求驾驶人始终控制车辆以来,德国的自动驾驶汽车道路试验已在海外开展。2016 年 3 月,联合国修订并签署了《维也纳道路交通公约》,补充了第 8 条,允许"自动驾驶系统根据需要控制车辆,驾驶人可以随时接管"。在德国,只有德国汽车公司才能具备自动驾驶本土化测试条件。2017 年 6 月,德国颁布了世界上第一部自动驾驶法,即《道路交通法修订案》,该修订案允许自动驾驶系统在特定条件下取代人类驾驶车辆,极大地促进了德国道路的自动驾驶技术测试条件与自动驾驶技术推动的进度。为此,德国率先开放了 A9 高速公路的部分路段用于自动驾驶技术测试。此外,德国还公布了世界上第一个针对自动驾驶的道德标准,为自动驾驶系统设计和伦理道德研究提供了强有力的支持。该准则允许自动车辆优先处理事故,并将其纳入系统的自我学习。自动驾驶的道德准则部分内容有:

(1)自动驾驶系统必须始终确保事故比人类驾驶者少。

(2)人类安全必须始终优先于动物或其他财产安全。

(3)当自动驾驶汽车发生不可避免的事故时,不允许基于年龄、性别、种族、身体特征或任何其他区别因素作出歧视性判断。

(4)在任何驾驶情况下,无论驾驶者是人还是自动驾驶系统,责任方必须遵守既定的道路法规。

(5)为了确定事故责任方,自动驾驶车辆必须配备"黑匣子",随时记录和存储驾驶数据。

(6)自动驾驶车辆将保留车辆记录数据的唯一所有权,该所有权可决定数据是否由第三方保存或转发。

与美国工厂企业由无人驾驶的市场应用探索并从中析出低级驾驶辅助技术不同,德国的自动驾驶采取了一种由低级的驾驶辅助逐渐向最高等级驾驶升级的渐进式发展路线,以上两种路线是目前无人驾驶领域典型的研究和市场策略。

3. 日本的自动驾驶汽车技术发展现状

日本的交通设施基础较好,拥有比较领先的智能交通系统(Intelligent Traffic System,ITS),智能网联汽车技术水平稳步推进。日本在汽车智能化和网联化领域都做了研究。在智能化方面,日本从 1991 年开始支持先进安全车(Advanced Safety Vehicle,ASV)项目,以 5 年为一期,至今已经开展了 5 期。2010—2015 年为 ASV 项目的第 5 期,主要的研究方向包括安全驾驶和驾驶人监控技术、基于 VX 协同通信的车辆驾驶辅助系统应用、先进安全技术的商业化应用与提高用户可接受程度、先进安全汽车与国际相关技术标准的协调与兼容性。在网联化方面,日本于 2000 年启动了"下一代道路服务系统"的车载信息系统和路侧系统的集成开发和试验,称之为智能道路计划(Smartway)。

日本警察厅于 2016 年 5 月颁布《自动驾驶汽车道路测试指南》,允许自动驾驶汽车上道路测试试验。日本的东京海上日动火灾保险已经明确,从 2017 年 4 月起,把自动驾驶期间的交通事故列入汽车保险的赔付对象,据悉这是日本国内首例以自动驾驶为对象的保险。

4. 我国的自动驾驶汽车技术发展现状

相较于国外,我国在智能网联汽车领域的研究起步较晚,但是国家一直非常重视智能网联汽车的发展,并逐渐上升到国家的战略层面。2015 年发布的《中国制造 2025》,提出了汽车低碳化、信息化、智能化是我国智能网联汽车发展方向。我国智能网联汽车的发展历程见表 1-2-3。

我国智能网联汽车的发展历程 表 1-2-3

时间(年)	发展阶段	主要事件
1989—1999	小范围研发阶段	(1)自动驾驶研发主要集中在少数高校; (2)一些整车企业开始与高校联合开展自动驾驶的研发工作
2000—2009	国家层面支持研发阶段	(1)国家开始设立智能交通攻关立项,如推进"863 计划"、设立"智能交通系统关键技术开发和示范工程""现代交通技术领域"等; (2)更多高校与企业进入自动驾驶研发,如 2003 年国防科技大学与汽集团完成红旗 CA7460 无人驾驶平台、2005 年上海交通大学研发城市交通的自动驾驶车辆的应用

续上表

时间(年)	发展阶段	主 要 事 件
2010—2015	车联网发展阶段	(1)国家推动车联网技术发展,如"基于移动中心技术的车辆通信网络的研究""车路协同系统设计信息交互和集成验证研究""车联网应用技术研究"等国家级课题; (2)国内车联网技术创新着力大范围合作,如中国汽车工程学会主导成立车联网技术创新技术联盟等
2015以后	智能网联概念发展阶段	国家出台智能网联汽车的一系列宏观政策,着力发展智能网联汽车,明确智能网联汽车将成为智能交通系统的重要组成部分

2018年4月,工业和信息化部、公安部、交通运输部联合发布了《智能网联汽车道路测试管理规范(试行)》,批准了多个智能网联汽车测试示范区。《智能网联汽车道路测试管理规范(试行)》是指导智网联汽车测试的指导性文件。北京、上海、重庆、无锡等地已经建立了16个自动驾驶汽车试验场地。

智能网联汽车是人工智能与传统汽车相结合的创新产品,是汽车工业发展的必然趋势。网联技术是实现车辆与外界信息共享和控制协调、实现自动驾驶的重要手段。我国正在加快下一代5G通信网络部署,推进智能化城市道路基础设施等交通建设,满足网联功能测试需求,促进车路协同发展。智能网联汽车既是技术创新,又是社会创新,无论是法律、法规和政策,还是道德和伦理方面的争论,我们都必须有勇气和耐心去推动智能网联汽车产业的稳定、持续和健康发展。

活动展示

教师组织班级内部播报大赛,师生共同制定评分标准,各组选派代表参加,参赛选手在规定时间内呈现本组活动成果,其他全体同学现场观摩,根据选手表现投票,获得点赞量最多的小组获胜。

活动评价

本活动的活动评价表见表1-2-4。

活动评价表　　　　　　表1-2-4

评分项 （占比）	是否达到目标 （30%）	活动表现 （40%）	职业素养 （30%）
评价标准 （占比）	1.完全达到； 2.基本达到； 3.未能达到	1.积极参与； 2.主动性一般； 3.未积极参与	1.大幅提高； 2.略有提高； 3.没有提高
自我评价(20%)			
组内评价(20%)			
组间评价(30%)			
教师评价(30%)			
总分(100%)			
自我总结			

活动二："我最看好的智能网联汽车企业"电子宣传图册制作

基于智能网联汽车的发展前景,国内外多家汽车企业近年来一直投入巨资研发智能网联汽车的各项核心技术。我国政府已将智能网联汽车产业的发展提升到国家战略的层面。相较传统汽车企业在智能网联汽车研发上的不温不火,近期,多家造车新势力强势入局,为市场带来了颇具技术优势的汽车产品。我愿意通过自己的视角制作电子宣传图册,将我最看好的智能网联汽车企业介绍给大家。

活动场景

化身小侦探走访企业、查阅资料,深入了解一家研发智能网联汽车的企业,

项目一　智能网联汽车技术应用专业概述

制作电子宣传图册,将它介绍给周边汽车专业的新同学。

活动目标

（1）走访企业、查阅资料,了解其业务范围、工作现状。

（2）能合理安排组内分工,在规定时间内完成资料的收集、整理,以及PPT的制作。

活动计划

1. 分工

2名采访内容制定人员：_____　　1名拍照人员：_____

1名撰稿人员：_____　　2名编辑：_____

1名资料收集员：_____　　1名后勤：_____

2. 设备准备

_____

_____

3. 小组计划

_____

_____

活动资源

2020年11月27日,亿欧智库对外发布了《2020中国智能网联汽车产业影响力指数研究》报告。该报告通过对智能网联汽车产业详细拆解,以多维度指标,向行业展示出目前业内的总体竞争情况。在智能网联汽车影响力指数排名中,主要包含三类企业,分别是整车厂、互联网巨头公司与创业公司。在整车厂中,拥有互联网基因的公司——蔚来汽车、小鹏汽车分别占据了第一名和第二名的位置,跨界互联网巨头公司华为（智能汽车）紧随其后,百度Apollo占据了第四名的席位,传统汽车企业上汽集团位列第五。在此以蔚来汽车为例,简单介绍这家汽车企业的崛起历程。

蔚来汽车公司（以下简称蔚来）成立于2014年11月,以致力于提供高性能的智能电动汽车与极致用户体验、为用户创造愉悦的生活方式,作为自己的产品理念。2016年,蔚来发布全球最快电动汽车之一的EP9,创造了纽博格林北环等国际知名赛道最快圈速纪录以及最快无人驾驶时速世界纪录。2017年,蔚来发布了概念车 EVE。蔚来 EVE 是一个无人驾驶的移动生活空间,以"第二起居室"为设计理念,让用户能够充分享受愉悦自由的出行时间。通过全景座舱、智能全息屏幕等交互技术,实现了车与环境、人与环境的融合。伴随着 EVE 发布,蔚来同时发布了"NOMI"人工智能伴侣系统。

蔚来 ES8(图 1-2-4)是蔚来量产车,其中"E"代表"电动","S"代表"SUV","8"代表性能等级。ES8 定位于快速增长的 7 座 SUV 市场,面向一、二线城市的新生代核心家庭。截至 2019 年 12 月 31 日,蔚来 ES8 累计交付 20480 辆。其综合工况续驶里程最长可达 580km,搭载 NIO Pilot 自动辅助驾驶系统和 NOMI 车载人工智能系统。

在 ES8 中控顶部,有一位圆乎乎的车载智能助手,它有一个好记的名字——NOMI(know me)。你可以把它视作车载版的 Siri,但又远比简单把 Siri 拉上车用处更大。在 ES8 上,它可以自行检测天气、逢雨关窗,可以通过语音控制自拍。全新的 NOMI Mate 2.0 人工智能系统,采用了车内全圆 AMOLED 屏幕,基于强大的车载计算能力和云计算平台,集成了语音交互系统和智能情感"引擎",创造了一种全新的人车交互方式,让车从一个机器,变成一个有生命、有情感的伙伴。

蔚来 ES8 内饰如图 1-2-5 所示。

图 1-2-4　蔚来 ES8　　　　　　　图 1-2-5　蔚来 ES8 内饰

蔚来 ES8 还全系标配了 NIO Pilot 自动驾驶辅助系统的全部硬件,该系统由蔚来自主研发,搭载全球领先 Mobileye EyeQ4 自动驾驶芯片,支持超过 20 项辅助驾驶功能,如自动制动系统(AEB)、车辆盲点监控(BSD)、车道偏离预警(LDW)、车道变换辅助(LCA)、窄路辅助(SDIS)、侧方开门预警(SDO)、自适应巡航(ACC)、驾驶人疲劳预警(DDW)、高速自动辅助驾驶(Highway Pilot)、车辆近距离召唤(NBS)、道路标识识别(TSR)、拥堵自动辅助驾驶(Traffic Jam Pilot)、视觉融合全自动泊车系统(S-APA with Fusion)等。其中自动制动系统(AEB)的增强版还附带行人识别(AEB-P)和自行车识别(AEB-C)功能,同时所有功能支持远程车辆软件升级(FOTA),可让车辆持续进化。

蔚来注重核心科技独立正向研发。对于智能电动汽车的六大核心技术——包括"三电"系统的电机、电控、电池包,"三智"系统的智能网关、智能座舱、自动辅助驾驶系统,蔚来通过独立正向研发,全部拥有自主知识产权。为了解决用户在旅途中对续驶历程的担忧,蔚来汽车推出了NIO Power(蔚来能源)的服务项目。该项服务内容是基于移动互联网的加电解决方案,拥有广泛布局的充换电设施网络,依托蔚来云技术为用户提供超越期待的专属加电及一键加电体验,仅需一首歌的时间,通过专用设备更换动力电池,让加电比加油更方便。

2021年1月9日,蔚来ET7正式发布。蔚来ET7应用了蔚来第二代数字座舱技术,基于第三代高通骁龙汽车数字座舱平台和高通骁龙汽车5G平台搭载,拥有更强的车载移动互联与通信能力。ET7全系配备了NIO Autonomous Driving蔚来自动驾驶系统,标配NAD 19项安全与驾驶辅助功能。从地图定位到感知算法,从底层系统到控制策略,拥有全栈自动驾驶技术能力;逐步实现高速、城区、泊车和换电场景的全覆盖,可为用户解放时间、减少事故,带来安全放松的点到点自动驾驶体验。

在NIO Autonomous Driving蔚来自动驾驶系统中的Aquila蔚来超感系统,拥有33个高精度传感器,包括超远距高精度激光雷达、11个800万像素高清摄像头、5个毫米波雷达、12个超声波传感器、冗余高精度定位单元和V2X车路协同感知;实现融合感知,定义了量产车自动驾驶感知系统的全新标准。其采用的超远距高精度激光雷达水平视角达120°,最远探测距离达500m,这对提高自动驾驶的安全性非常重要。此外,800万像素的高清摄像头,大幅提升了NAD的感知能力,让自动驾驶的安全性提升了两个等级。

33个高性能感知硬件每秒产生8GB图像数据强大的感知系统,相当于1s内看完两部4K电影。作为图像处理器的ADAM(蔚来超算平台),是迄今为止最强大的量产移动计算平台。ADAM拥有超高带宽的图像接口,每秒可处理64亿像素的图像信号处理器(Image Signal Processing,ISP),能够有效改善画质、增强细节。ADAM首创了超高带宽骨干数据网络,将所有传感器和车辆系统的信号输入,实时无损分配到每一个算力核心。平台搭载4颗英伟达Orin芯片,让ET7成为全球第一款搭载Orin的量产车。ADAM拥有48个CPU内核,256个矩阵运算单元,8096个浮点运算单元,共计681个晶体管,算力高达1016TOPS,超过7个特斯拉FSD(算力144TOPS)的算力总和。由此,蔚来ET7被称为蔚来的"王炸"产品。

随着蔚来ET7的正式发布,NIO Pilot迎来了新的进化。从辅助驾驶到自动驾驶,蔚来推出自己的NAD。NAD的完整功能将采用"按月开通、按月付费"的服务订阅模式,即 ADaaS(AD as a Service),服务费为每月 680 元。

活动展示

教师组织班级内部分组进行播报本组选定的汽车厂家,师生共同制定评分标准,各组选派代表在规定时间内介绍本组 PPT,其他全体同学现场观摩,根据选手表现投票,获得点赞量最多的小组获胜。

活动评价

本活动的活动评价表见表 1-2-5。

活动评价表　　　　　　　　表 1-2-5

评分项 (占比)	是否达到目标 (30%)	活动表现 (40%)	职业素养 (30%)
评价标准 (占比)	1. 完全达到; 2. 基本达到; 3. 未能达到	1. 积极参与; 2. 主动性一般; 3. 未积极参与	1. 大幅提高; 2. 略有提高; 3. 没有提高
自我评价(20%)			
组内评价(20%)			
组间评价(30%)			
教师评价(30%)			
总分(100%)			
自我总结			

任务三　了解智能网联汽车发展趋势

(1) 能简单介绍智能网联汽车的发展趋势。

(2)能简单介绍我国在智能网联汽车领域所选择的技术路径。

任务内容

活动:"把脉行业动向,预测行业未来"

活动:"把脉行业动向,预测行业未来"

伴随着人工智能和无线通信技术不断地迭代升级,智能网联汽车的发展趋势日渐清晰。通过前两节的学习,我们对智能网联汽车有了初步的认识。除此之外,同学们还收集到了很多行业资料。本节课我们对智能网联汽车的发展历程进行总结,并对我们收集的资料进行提炼,一同来"把脉行业动向,预测行业未来"。

活动场景

通过在班级内部分组讨论的形式,将本组总结出的智能网联汽车发展趋势介绍给周围汽车专业的同学。

活动目标

(1)能使用普通话流利地介绍智能网联汽车的发展趋势。
(2)合理安排组内分工,在规定时间完成资料的收集、整理、撰稿。

活动计划

1. 分工

2 名材料收集员:_____　　1 名拍照人员:_____

2 名撰稿人员:_____　　　1 名编辑:_____

1 名发言人员:_____　　　1 名后勤:_____

2. 设备准备

_____

_____

3. 小组计划

_____

_____

活动资源

就汽车行业来讲,当前传统汽车向智能网联汽车的转变,是汽车诞生以来汽车行业最大的变局。自1886年汽车诞生之后到现在130多年的时间里,汽车本身大的变革不是太多。之前的几次变革是由于生产技术、生产组织的不断提升而自发完成的。比如流水线的生产方式的普及、丰田精益生产的管理模式虽然改变了汽车行业的分布格局,但是汽车在构造和功能上很长时间没有什么变化。现在智能网联汽车所带来的变化是颠覆性的,不论是底层的架构,还是汽车的功能边界,甚至是应用场景,都发生了质的变化。这种改变不仅仅是汽车本身,而且还改变人类出行方式和生活方式,这个改变是非常深刻的。2018年12月14日,武汉龙灵山智能微循环无人小巴向公众开放,这辆"阿波龙"小巴由百度、厦门金龙联合研发,可实现L4级别自动驾驶定位精度达厘米数,反应速度达纳秒级(图1-3-1)。

图1-3-1 百度的无人驾驶小巴士"阿波龙"

从现有的信息来看,国内的自动驾驶行业虽然起步较晚但是发展迅速。除了百度、滴滴等互联网巨头,其他公司的实力也相当不俗。2021年2月9日,美国加利福尼亚州交通管理局(DMV)发布了2020年全年自动驾驶数据,总计63家的加利福尼亚州自动驾驶测试牌照持有者中,29家公司汇报了全年路测数据。其中,中国自动驾驶公司表现不俗,AutoX、小马智行(Pony)紧随Waymo、Cruise之后,位列第三名和第四名。2020年受新冠肺炎疫情的影响,客观上加速了自动驾驶产业化的进程。无人配送车、无人驾驶环卫车等需求释放,Robo-taxi、自动驾驶卡车等L4级别无人驾驶公司开始推广试点,加速了自动驾驶商业化进程。

另外,纯电动汽车产业的发展一直伴随着智能化的快速提升,纯电动汽车巨头也是助力自动驾驶技术发展的主力。统计数据显示,特斯拉、蔚来、理想、小鹏在2020年的整车销量分别为49.96万辆(增长36%)、4.37万辆(增长113%)、3.26万辆(增长32倍)、2.7万辆(增长112%)。这些研发智能网联汽车的相关公司的市值大幅提升,加速了产业化的进程。

虽然国内外在智能网联汽车的研发领域,均呈现突飞猛进的态势,但是我国与国外一些厂家所选择的技术路径还是有所区别的。

自动驾驶的两条技术路线是单车智能和车路协同。其中,前者是通过把环境感知、决策和控制执行统统放在车端,使车辆达到甚至超越人类驾驶人的驾驶水平,来实现自动驾驶。目前无论是美国还是日本、欧洲,均把主要精力放在单车发展上,例如谷歌公司的 Waymo 自动驾驶出租汽车。这就要求传感器对环境的感知能力要超出人的能力,进行自主感知。但是,现在感知系统的技术路线还不确定,把传感器都装在车上,会使车辆的量产成本大幅提高。尤其是激光雷达,目前一个就花费数万甚至十几万元,根本不具备量产可行性。单车智能对地图的精度要求非常高,但目前为止很多国家都还未形成自己的高精度地图规范标准。高精度地图的动态实时更新能力也远不能满足自动驾驶实际驾驶场景的变换速度;另外,实现 L4 级别及以上级别的自动驾驶,一定需要人工智能的介入,用以对道路交通参与者的行为和意图进行预判,但现阶段的人工智能技术还没有达到预期的水平。

我国的路径方案无论是从国家层面,还是行业、企业层面,已经基本上达成共识,就是智能网联协同发展,即 V2X 车路协同的技术路线。与单车智能相比,车路协同不仅着眼于车的智能,还侧重路的智慧,并通过将路网与车辆在云端进行联网,实现路网与车辆之间有效信息的协同感知和协同决策,从而达到自动驾驶的目的。

我国之所以选择车路协同的技术路线,是因为我国在 5G 通信技术方面一直保持着世界领先的地位。2020 年,5G 信号已实现商用,不少大城市将陆续实现 5G 信号全覆盖。2020 年,我国还完成了北斗卫星导航系统的组网工程。它不仅可完成高精度地图的绘制工作,还能够为联网车辆提供厘米级的定位服务。所以 5G 通信技术、北斗卫星导航系统,都将在智慧交通系统中被定义为基础设施来发挥作用。

在 5G 网络没有发挥功能之前,车路协同项目的开展主要是基于 4G 技术。但由于 4G 传输速度相对较慢——最高仅为 100Mb/s,导致网络速率时延高达 50ms,这对于高速移动的车辆来说,基本实现不了实时控制,因此被认为是制约自动驾驶发展的重要因素。相比之下,5G 网络由于可以为车辆提供毫秒级超低时延,最高可达 10Gb/s 的传输速率,以及每平方千米高达百万的连接数和超高可靠性,能够帮助车辆在远程环境感知、信息交互和协同控制等关键技术上取得突破,让车辆探测距离更远,范围更广,在面对复杂路况时响应更快,能够很好地消除驾驶过程中的盲区和死角,为自动驾驶汽车提供高阶道路感知和精确导航服务,大大提升自动驾驶汽车的安全性和可靠性,可谓实现车联网和自动驾驶的重要基石。

另外,要完成车路协同的技术路线,还需要各类基础设施能够在统一的标准下进行建设和制订。例如:道路基础设施标准、地图数据标准、V2X 通信标准、联网运营标准、信息安全标准、符合中国新体系架构汽车产品标准和交通法规等,最终使符合中国标准的智能终端、通信系统、云平台、网关、驾驶辅助系统、自动驾驶系统都能够达到信息的互联互通。2021 年 2 月,中共中央、国务院印发《国家综合立体交通网规划纲要》(以下简称《纲要》),《纲要》中第五点明确提出,推进综合交通高质量发展,要"提升智慧发展水平。加快提升交通运输科技创新能力,推进交通基础设施数字化、网联化。推动卫星通信技术、新一代通信技术、高分遥感卫星、人工智能等行业应用""加强智能化载运工具和关键专用装备研发,推进智能网联汽车(智能汽车、自动驾驶、车路协同)、智能化通用航空器应用。"受益于《纲要》等国家政策的扶持,道路网等基础设施建设的标准制定和配套建设,将会得到更有力的支持。

综上所述,我国智能网联汽车的发展将涉及汽车、通信、交通等多领域的技术。其技术结构较为复杂,但仍可归纳为"三横两纵"式技术结构,如图1-3-2 所示。

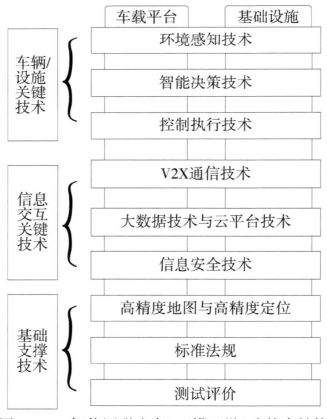

图 1-3-2　智能网联汽车"三横两纵"式技术结构

项目一　智能网联汽车技术应用专业概述

综合考量智能网联汽车的发展现状,在未来一段时间内,智能网联汽车的发展将会表现出以下几个特征:

(1)代客泊车等特定场景下的自动驾驶将成为商用量产的切入点。围绕更高级的自动驾驶,在一些特定场景上可能先期投入商业使用,比如停车问题。找到一个合适的特定区域并不容易,需要综合考量法规和技术等多方面制约因素。现在驾驶辅助技术已经成熟,下一步将进入自动驾驶代客泊车阶段。

(2)基于智能网联汽车的5G/V2X及云计算应用时代即将到来,给我们带来了在汽车应用和商业模式或者新技术落地的机遇,从模组到产品,再到市场应用,这些方面都会有相应的突破。

(3)智能网联汽车特有的新型安全问题将成为核心关注点。我们的最终目的还是解决交通出行中的一些痛点,目前最大的痛点是安全问题的责任划分。原来交通事故涉及的是从碰撞到汽车稳定性这些安全问题,而对于智能汽车,又会出现功能安全和信息安全问题。其中,信息安全是智能汽车安全中最大的隐患,全球的工程师都在面临这个挑战。尽管现在有一些很好的解决方案,有很多技术可供借鉴,不过完整的解决方案还没有出台。

(4)图1-3-3所示为智慧交通体系示意图。由图中可以看出,未来的智能网联汽车产业与智能基础设施体系、网联运营体系和信息安全管理体系都有交集。在智能网联汽车产业体系下,将产生支持未来智能网联汽车发展的5个基础平台,这5个基础平台包括:车载计算基础平台、车载终端基础平台、云控基础平台、高精度动态地图基础平台和信息安全基础平台。这五大平台不是任何一家企业可以做好的,一定是跨界的。这几个平台,从车载的计算平台、终端平台,到云端,再到最后的信息保障,在功能上有一定的逻辑关系。由此,跨界协同合作是趋势也是必然。例如,现在不仅仅是汽车企业间合作研发自动驾驶,华为与汽车企业也在进行跨界合作。

活动展示

教师组织班级分组进行研讨,轮流发表本组观点,师生共同制定评分标准,各组选派代表发言,参赛选手在规定时间内呈现本组活动成果,其他全体同学现场观摩,根据选手表现投票,获得点赞量最多的小组获胜。

活动评价

本活动的活动评价表见表1-3-1。

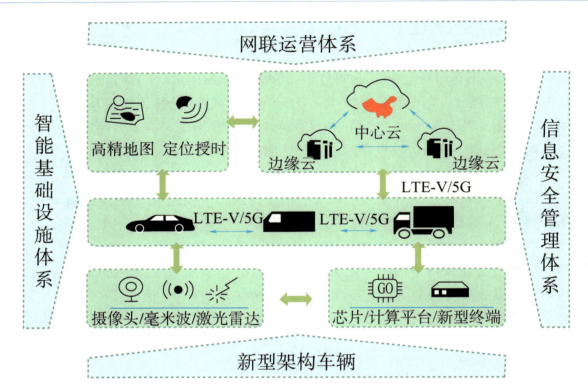

图 1-3-3　智慧交通体系示意图

活 动 评 价 表　　　　　　　　　　表 1-3-1

评分项 （占比）	是否达到目标 （30%）	活动表现 （40%）	职业素养 （30%）
评价标准 （占比）	1.完全达到； 2.基本达到； 3.未能达到	1.积极参与； 2.主动性一般； 3.未积极参与	1.大幅提高； 2.略有提高； 3.没有提高
自我评价(20%)			
组内评价(20%)			
组间评价(30%)			
教师评价(30%)			
总分(100%)			
自我总结			

项目二　智能网联汽车技术应用专业人才培养概述

任务一　认识工作岗位

任务目标

（1）能熟练说出汽车智能网联汽车专业人才所能从事的就业岗位以及工作内容。

（2）能熟练说出汽车智能网联汽车专业所对应岗位及岗位职责。

任务内容

活动：我帮企业作介绍

活动：我帮企业作介绍

活动场景

某公司来我院招聘智能网联汽车专业的学生，给了你们的团队一份企业内部该专业主要面向的工作岗位及岗位职责表。你们的任务是熟悉这份表格并且用自己的方式介绍一下本专业未来工作岗位及岗位职责，最后将介绍内容以视频的形式记录下来。

活动目标

（1）能使用普通话流利地完成介绍。

（2）能将介绍过程合成为 2min 左右的视频文件。

（3）视频要求：

①"剧本"合理、完整；
②介绍时使能用普通话，大方、得体；
③内容完整、清晰。

活动计划

1. 分工

2 名领导：_____　　1 名介绍人员：_____
1 名摄像人员：_____　　1 名拍照人员：_____
1 名导演：_____　　1 名编剧：_____
1 名后期制作人员：_____

2. 设备准备

_____
_____

3. 剧本准备

_____
_____

活动资源

一、面向工作岗位（群）

智能网联汽车技术有别于传统汽车技术，它融合了汽车、交通、信息、通信等多学科专业内容。智能网联汽车专业人才的主要就业方向如下：

（1）面向主机厂、零部件、传感器、信息技术等企业就业。在上述企业中担任智能网联汽车传感器标定测试、应用软件测试、车辆改装、道路测试、高精度地图采集、车载终端网络测试工程师助理，从事智能网联汽车相关传感器的标定测试、仿真软件应用与测试、传感器研发辅助、底盘线控改装、电路设计、嵌入式系统开发、整车测试、道路测试、安全测试、道路信息采集、地图数据处理、车载网络终端安装调试等工作。

（2）面向智能网联汽车维修企业就业。担任智能网联汽车营销、理赔员、维修工，从事智能网联汽车销售、维修接待、事故理赔、智能网联汽车传感器安装调试、零部件检测、维修工作。

在智能网联汽车检测与运维的工作中，根据技能等级的不同，就业的方向大致相同,但也有所区别,见表2-1-1。

不同技能等级的就业方向　　　表2-1-1

技能等级	就业方向
初级	主要面向智能网联汽车售后服务企业的销售服务、售后服务、检测与运维等部门,从事销售接待、售前预检、销售服务、售后服务接待、客户服务、运行维护等工作,完成智能网联汽车PDI（Pre Delivery Inspection,出厂前检查）及预检、ADAS部件更换与标定、智能座舱系统设定与匹配等工作
中级	主要面向智能网联汽车售后服务企业的销售服务、售后服务、检测与运维等部门,从事销售接待、售前预检、销售服务、售后服务接待、客户服务、检测维修等工作,完成ADAS检修、车载网络系统检修、智能座舱系统检修等工作
高级	主要面向智能网联汽车售后服务企业的销售服务、售后服务、检测与运维等部门,从事销售接待、售前预检、销售服务、售后服务接待、客户服务、检测诊断等工作,完成ADAS诊断分析、车辆通信系统诊断分析、高精地图与定位系统诊断分析等工作

活动评价

本活动的活动评价表见表2-1-2。

活动评价表　　　表2-1-2

评分项（占比）	是否达到目标（30%）	活动表现（40%）	职业素养（30%）
评价标准（占比）	1.完全达到; 2.基本达到; 3.未能达到	1.积极参与; 2.主动性一般; 3.未积极参与	1.大幅提高; 2.略有提高; 3.没有提高
自我评价(20%)			

续上表

评分项（占比）	是否达到目标（30%）	活动表现（40%）	职业素养（30%）
组内评价(20%)			
组间评价(30%)			
教师评价(30%)			
总分(100%)			
自我总结			

任务二　知道能力需求

任务目标

(1) 能简单概括汽车智能网联专业所对应岗位群的培养目标。

(2) 能正确说出通用职业能力所包含的职业素质、专业能力、岗位能力、方法能力、社会能力。

任务内容

活动：看清努力的方向

活动：看清努力的方向

同学们，我们要用短短几年的在校时间，学习智能网联汽车在检测、运用、维

项目二　智能网联汽车技术应用专业人才培养概述

修等各个方面的知识和技能。那么,我们在校期间需要锻炼哪些方面的能力,大家是否清楚呢？我们为了今后的工作,需要付出哪些努力呢？

接下来,我们一起认识我们在今后工作岗位中所需要具备的通用职业能力和基本素养,并把它们整理成一个小剧本,最后将介绍内容以视频的形式记录下来。

活动目标

（1）能使用普通话流利地完成介绍。
（2）能将介绍过程合成为3min左右的视频文件。
（3）视频要求：
①"剧本"合理、完整；
②介绍时能使用普通话,大方、得体；
③内容完整、清晰。

活动计划

1. 分工
2名领导：_____　　1名介绍人员：_____
1名摄像人员：_____　　1名拍照人员：_____
1名导演：_____　　1名编剧：_____
1名后期制作人员：_____

2. 设备准备

_____

_____

3. 剧本准备

_____

_____

活动资源

一、职业技能要求

智能网联汽车检测与运维职业技能等级分为三个等级：初级、中级、高级。各个职业技能等级所对应的职业技能要求见表2-2-1。

智能网联汽车技术应用专业概论

不同职业技能等级对应的职业技能要求　　　表2-2-1

职业技能等级	职业技能要求
初级	能够根据智能网联汽车安全技术操作规范，独立使用专用仪器设备，规范完成智能网联汽车ADAS和智能座舱系统运行与维护作业
中级	能够根据智能网联汽车安全技术操作规范，独立使用专用设备仪器，规范完成智能网联汽车ADAS、车载网络系统、智能座舱系统的故障检测与维修作业
高级	能够根据智能网联汽车安全技术操作规范，独立使用专用检测软件，规范完成智能网联汽车ADAS、车辆通信系统、高精度地图定位系统控制算法诊断与分析作业

二、素养要求

本专业培养理想信念坚定，德、智、体、美、劳全面发展，具有一定的科学文化水平，良好的人文素养、职业道德和创新意识，精益求精的工匠精神，较强的就业能力和可持续发展的能力；掌握汽车智能网联专业的专业知识和技能技术，面向智能网联汽车相关行业，从事安装调试、测试标定、维修诊断、仿真验证、服务接待等方面工作的高素质技术技能人才。

本专业毕业生应在素质、知识和能力等方面达到以下要求。

1. 素质

（1）坚定拥护中国共产党的领导和我国社会主义制度，在习近平新时代中国特色社会主义思想指引下，践行社会主义核心价值观，具有深厚的爱国情感和中华民族自豪感。

（2）崇尚宪法、遵法守纪、崇德向善、诚实守信、尊重生命、热爱劳动，履行道德准则和行为规范，具有社会责任感和社会参与意识。

（3）具有质量意识、环保意识、安全意识、信息素养、工匠精神、创新思维。

（4）勇于奋斗、乐观向上，具有自我管理能力、职业生涯规划的意识，有较强的集体意识和团队合作精神。

（5）具有健康的体魄、心理和健全的人格，热爱运动并养成良好的健身与卫生习惯、良好的行为习惯。

（6）具有一定的审美和人文素养，能够形成特长或爱好。

2．知识

（1）掌握必备的思想政治理论、科学文化基础知识和中华优秀传统文化知识。

（2）熟悉与本专业相关的法律法规以及环境保护、安全消防等相关知识。

（3）熟悉汽车零件图和装配图要素。

（4）熟悉电路图的组成要素及电工特种作业基本知识。

（5）了解单片机原理与控制知识。

（6）掌握汽车各部分的组成及工作原理。

（7）掌握汽车发动机、汽车底盘、汽车电气系统的检测与维修方法。

（8）掌握汽车质量评审与检验的相关知识。

（9）掌握汽车检测常用仪器、工具和设备的选择、维护与操作规程。

（10）掌握汽车性能检测及故障诊断相关知识。

（11）掌握节能与新能源相关知识。

（12）掌握新能源汽车的组成、工作原理及使用维护等相关知识。

（13）了解汽车制造相关的国家标准和国际标准。

（14）了解汽车销售、保险和理赔、旧车鉴定和维修企业管理等相关知识。

（15）了解车身表面修复方法与要求。

3．能力

具有积极的人生态度、健康的心理素质、良好的职业道德和较扎实的文化基础知识；具有获取新知识、新技能的意识和能力，能适应不断变化的职业社会；了解智能网联汽车检测、维修、改装相关工作流程，严格执行智能网联汽车相关设备设施操作规定，遵守各项操作规程，具有安全生产意识，重视环境保护，并能解决有一定难度的专业问题。在具备中级层次专业能力的基础上，同时具有下列专业能力：

（1）能编制智能传感器、计算平台、智能座舱系统、底盘线控系统等智能网联汽车关键系统及部件整车装配工艺文件。

（2）能绘制智能传感器、计算平台、智能座舱系统、底盘线控系统电路与信号传输原理图。

（3）能正确完成各智能传感器的联合调试和整车标定。

(4)能按照相关规程正确完成计算平台、智能座舱系统、底盘线控系统软件升级。

(5)能按照测试方案搭建相关测试场景,正确完成智能传感器、智能座舱系统测试,并编写测试报告;能按照测试方案正确完成计算平台、底盘线控系统软硬件功能测试,并编写测试报告。

(6)能按照诊断流程正确完成智能传感器、计算平台、智能座舱系统、底盘线控系统故障分析与处理,并编写诊断报告。

(7)能识读整车综合测试规程,正确理解相关测试要求。

(8)能按照整车综合测试规程正确完成测试场景的搭建、测试车辆的整备、测试路段和设备的检查。

(9)能根据测试车辆智能驾驶和车联网的功能要求设定测试设备参数,按照测试规程操控测试车辆完成车辆和网联道路测试,并编写报告。

(10)能按照相关规程,正确完成测试场景设施和测试设备的日常维护。

活动评价

本活动的活动评价表见表2-2-2。

活动评价表　　　　　　　　表2-2-2

评分项（占比）	是否达到目标（30%）	活动表现（40%）	职业素养（30%）
评价标准（占比）	1. 完全达到； 2. 基本达到； 3. 未能达到	1. 积极参与； 2. 主动性一般； 3. 未积极参与	1. 大幅提高； 2. 略有提高； 3. 没有提高
自我评价(20%)			
组内评价(20%)			
组间评价(30%)			
教师评价(30%)			
总分(100%)			
自我总结			

任务三　了解课程设置

任务目标

(1) 能熟练说出智能网联汽车专业所开设的课程。
(2) 能简单介绍智能网联汽车专业各个课程开设的目的。
(3) 能详细介绍智能网联汽车专业专业课的开设目的,并结合目的简单说说自己对专业课的了解。

任务内容

活动:"我的课程我来说"视频制作比赛

活动:"我的课程我来说"视频制作比赛

活动场景

新生家长到学院招生就业处想了解一下汽车智能网联专业开设哪些课程以及开设课程主要学习哪些内容。用你的方式选择汽车智能网联专业中的一门课程向新生家长介绍一下,让其对这门课程能有深刻印象,最终将介绍的过程以视频的形式记录下来。

活动目标

(1) 能使用普通话流利地向新生家长介绍智能网联汽车专业中的一门课程,能将介绍过程(视频、照片)合成为 2min 左右的视频。
(2) 视频要求:
① "剧本"合理、完整;
② 介绍时能使用普通话,大方、得体;
③ 视频完整、清晰。

智能网联汽车技术应用专业概论

活动计划

将学生分成若干小组,每小组选取智能网联汽车专业中的一门课程,各小组选取的课程不能重复。

1. 分工

2 名新生家长:_____   1 名介绍人员:_____
1 名摄像人员:_____   1 名拍照人员:_____
1 名导演:_____   1 名编剧:_____
1 名后期制作人员:_____

2. 设备准备

_____

_____

3. 剧本准备

_____

_____

活动资源

本专业主要培养适应智能网联汽车从事安装调试、测试标定、维修诊断、仿真验证等方面工作的高素质技术技能型人才。

一、专业建设方案

(一)专业基础课

专业(技能)课程包括专业基础课程、专业核心课程、专业拓展课程和专业实践课程。实践性教学环节主要包括实验、实训、实习、毕业设计、社会实践等专业(技能)课程模块。统筹安排各类课程设置,注重理论与实践一体化教学;结合实际开设汽车车身修复技术、汽车涂装技术、汽车美容技术、二手车鉴定与评估、汽车售后服务与管理、汽车商务礼仪等方面的选修课程、拓展课程或专题讲座(活动),并将有关内容融入专业课程教学;将创新创业教育融入专业课程教学和相关实践性教学;开设其他特色课程;组织开展德育活动、志愿服务活动和其他实践活动。实训在校内实验实训室、校外实训基地等开展完成;社会实践、顶岗实习由学校组织在相应企业开展完成。

1. 汽车机械识图

汽车机械识图课程是技工院校汽车类专业的一门重要专业基础课程,该课程开设的目的是使学生掌握机械制图的基本知识,能熟练阅读中等复杂程度的零件图和简单的装配图,能徒手绘制较简单的零件图和简单的装配图,了解机械制图国家标准和行业标准,培养空间想象力和以图表现物体三维特征的能力,能进行简单零件测绘,养成严谨、细致的工作作风。

2. 汽车文化

汽车文化课程是技工院校汽车类专业的一门专业基础课程,该课程开设的目的是使学生了解汽车的产生与发展、世界著名汽车公司等汽车知识,让学生全面了解汽车、熟悉汽车、爱好汽车,从而培养学生对汽车相关知识的兴趣,提高学生的人文水平和综合素质,为继续学习其他专业课程提供扎实的基础知识条件。

3. 汽车机械基础

汽车机械基础课程是技工院校汽车类专业的一门专业基础课程。该课程开设的目的是通过本课程的学习,可以将机械传动、常用机构、常用零件、液压传动等与汽车专业方面的知识和技能紧密结合起来,使学生掌握必备的机械基础知识和基本技能,懂得机械工作原理,为后续专业课程的学习奠定基础。

4. 电工与电子技术基础

电工电子技术已经广泛应用于生产和生活的各个领域,大部分汽车类专业也会涉及仪器仪表的使用和维护及其注意事项。开设电工与电子技术基础课程可以使学生具备所需的电路分析、模拟电子技术、电气控制技术等基本知识和基本技能,让学生更加安全、正确使用和维护设备,并正确检修设备。此外,随着科技的发展,新能源电动汽车将会是未来趋势,学好电工与电子技术基础课程可为学生掌握职业技能,提高全面素质,增强职业应变能力和继续学习的能力打下一定的基础。

5. 汽车材料

汽车材料课程是技工院校汽车类专业的一门重要专业基础课程,通过该课程的学习,可使学生初步掌握汽车常用金属材料、非金属材料和汽车运行材料的性能、分类、品种、牌号和主要规格,以及合理选择正确使用汽车材料的基本知识和相关技能,为今后从事汽车工作打下基础。

6. 新能源汽车概论

课程目标：①了解新能源汽车的发展历史；②了解目前商品化的纯电动汽车、混合动力汽车、燃料电池汽车基本构型；③了解电动汽车的基本组成元件名称及作用，拓展其他新能源汽车的类型及基本构型。

主要教学内容：①新能源汽车电力驱动系统构造，了解新能源汽车的类型，发展新能源汽车的必要性和新能源汽车发展现状及趋势；②电动汽车用动力电池，电动汽车用电动机，纯电动汽车、混合动力电动汽车和燃料电池电动汽车的结构和基本原理；③了解天然气汽车、液化石油气、汽车甲醇、燃料汽车、乙醇燃料汽车、二甲醚燃料汽车、氢燃料汽车和太阳能汽车的特点、发展现状及趋势；④新能源汽车电力驱动系统检修，纯电动汽车和传统汽车的不同之处，电动汽车基本结构原理；⑤掌握纯电动汽车的基本结构原理，能够进行电动汽车常见检修；⑥混合动力汽车结构和工作原理，混合动力汽车的检修。

7. 汽车构造

课程目标：①掌握汽车各总成和零部件的结构、工作原理及他们之间的相互关系，掌握汽车结构的一般规律，通过对课程的学习，培养学生的实训能力，养成良好的职业素养；②使学生认识发动机、底盘、电气设备的基本组成结构；系统掌握汽车底盘的结构及工作原理，掌握汽车发动机、底盘相关系统的拆装与检修，熟练使用相关工具及设备。

主要教学内容：①汽车整体结构组成；②发动机总体构造及工作原理；③发动机曲柄连杆机构、配气机构、供给系统、起动系统、点火系统、润滑系统、冷却系统的结构及工作原理；④汽车传动系统的组成、功用及布置形式；⑤离合器的组成及工作原理；⑥变速器的组成及工作原理；⑦万向传动装置；⑧驱动桥；⑨汽车行驶系统的功用、组成和结构形式；⑩汽车转向系统；⑪汽车制动系统。

(二) 专业核心课

1. 智能网联汽车技术

典型工作任务：识别智能汽车的组成部件，能够对智能网联汽车进行常规安装和检测。

职业核心能力：了解智能汽车技术分级发展现状及前景；了解新能源汽车传感器技术、无线通信技术、车载网络技术、辅助驾驶技术；培养自主学习、终身学习的能力；掌握智能汽车的结构，各种关键技术的控制原理；掌握线通信技术传感器技术、汽车辅助驾驶系统;能识别智能汽车的组成部件;能简单安装检测。

2. 新能源汽车安全用电与防护

典型工作任务:常用电子元器的测量;新能源车辆高压作业检测设备工具的使用;维修车间安全防护与急救措施。

职业核心能力:具有安全、文明生产以及环境保护意识;具有事业心和责任感、爱岗敬业、乐于奉献;具有积极进取及创新精神;具有良好的团队协作、沟通交流的能力;了解高压电基础理论;熟悉新能源汽车安全保护装置;熟悉新能源汽车维修专用高压车间场地与设施要求;熟悉高压安全操作程序;熟悉高压安全防护要求;能够对新能源汽车高压部件进行识别;能够熟练使用新能源汽车维修工具及检测设备;能够熟练使用高压安全操作必备的防护工具;能够按照标准进行高压安全操作;能够正确采取新能源汽车触电应急处理措施。

3. 新能源汽车动力电池与管理技术

典型工作任务:新能源汽车控制系统的功能和控制策略;新能源汽车总线控制系统故障诊断。

职业核心能力:具有安全、文明生产以及环境保护意识;具有事业心和责任感、爱岗敬业、乐于奉献;具有积极进取及创新精神;具有良好的团队协作、沟通交流的能力;了解动力电池发展历程;掌握电动汽车动力电池基本知识;掌握动力电池种类及其应用;掌握新能源汽车电源管理系统工作原理;能够对动力电池进行充电维护;能够对新能源汽车动力电池绝缘性能进行检测;能够对新能源汽车动力电池管理系统进行检测;能够对新能源汽车动力电池系统进行故障排除。

4. 新能源汽车电气技术

典型工作任务:汽车电器控制电路的分析;汽车电器系统故障诊断思路与方法;汽车电动系统的故障诊断与排除;汽车舒适与娱乐系统的拆装、故障诊断与排除。

职业核心能力:具有安全、文明生产以及环境保护意识;具有事业心和责任感、爱岗敬业、乐于奉献;具有积极进取及创新精神;具有良好的团队协作、沟通交流的能力;熟悉新能源汽车电器的布置类型;掌握汽车电路图基本知识;掌握新能源汽车电器安全技术性能检测的相关知识;掌握新能源汽车电器工作原理知识;能熟练使用新能源汽车电器性能检测工具、设备;能熟练使用新能源汽车维修手册;能够对新能源汽车电器各部件进行检测;能够对新能源汽车照明、音响、空调等进行检测。

5. 驱动电机及控制技术

典型工作任务：进行新能源汽车驱动电机性能的检测；驱动电机零部件检测及维修更换；新能源汽车驱动电机常见故障诊断的方法和技能。

职业核心能力：具有安全、文明生产以及环境保护意识；具有事业心和责任感，爱岗敬业，乐于奉献；具有积极进取及创新精神；具有良好的团队协作、沟通交流的能力；熟悉新能源汽车的结构和特点；掌握新能源汽车中主要使用的几种电动机——直流电动机、交流感应电动机、交流永磁电动机和开关磁阻电动机的结构、原理及应用；熟悉对上述电机调速、分析及控制；掌握新能源汽车驱动电机系统故障排除的思路；能够正确使用驱动电机检修的相关设备；能够进行驱动电机拆装的基础操作；能够进行驱动电机系统进行故障诊断。

6. 新能源汽车综合故障诊断

典型工作任务：熟记汽车技术状况数据；填写检查的范围、检测的程序方法、检验单；通过检测仪器、设备，对故障车辆的综合分析；掌握诊断程序、诊断步骤和方法。

职业核心能力：具有安全、文明生产以及环境保护意识；具有事业心和责任感，爱岗敬业，乐于奉献；具有积极进取及创新精神；具有良好的团队协作、沟通交流的能力；学会借助维修手册等资料，分析新能源汽车综合故障原因；制订故障诊断与检测的作业计划，确定故障部位，排除故障；进行检查和反馈；在故障诊断与排除过程中，仪器设备等使用符合劳动安全和环境保护规定；能够在前台与客户进行沟通，对故障车辆进行评估，并按计划实施维修；填写工作任务单，借助专用的检测仪器、设备对汽车故障进行诊断；能够对车辆故障进行检测并恢复；提高车辆技术状况，调整技术参数，并对此予以说明；根据相关的制度、规范，开展服务工作；对已经掌握的数据，要能够解释说明、分析利用和评估；在征得客户同意的前提下，排除之前已检测确定的交通安全和运行安全的隐患。

7. 充电站运营与管理

典型工作任务：充电桩维护与保养；事故、灾害应急。

职业核心能力：具有安全、文明生产以及环境保护意识；具有事业心和责任感、爱岗敬业、乐于奉献；具有积极进取及创新精神；具有良好的团队协作、沟通交流的能力；熟悉消防设施安全管理制度、了解充电桩安放地点；了解电动汽车充电桩结构；了解充电桩操作规范及维护保养相关技术资料；了解常用工具、设备的使用方法；能够制订充电站运营的工作计划；能够对电动汽车充电站进行日

常维护;能够为多种车型更换电池;能够对充电桩进行检修。

8. 汽车单片机技术

课程目标:①了解单片机技术在工业控制、经济建设和日常生活中的应用;②掌握单片机指令系统与编程技术、中断系统及应用、定时器及应用、外围设备与单片机的接口技术和单片机应用系统设计;③具备新产品设计开发能力,设计一款带左转、直行和右转三种通行灯的交通灯系统,培养严谨的工作作风和创新力。

主要教学内容:①单片机技术在工业控制、经济建设和日常生活中的应用;②单片机的基本结构原理、存储体系结构;③单片机指令系统与编程技术;④单片机中断系统及应用;⑤定时器及应用、外围设备与单片机的接口技术;⑥单片机应用系统设计方法。

(三)方向选修课

1. 汽车传感器与检测技术

本课程包含汽车传感器的基本概念,传感器技术现状,检测技术的基本知识,常用传感器的工作原理及应用,汽车用传感器的结构、原理与检测,汽车传感器与检测系统的信号处理技术,汽车传感器与检测系统的干扰抑制技术,微型计算机在检测系统中的应用。

2. 智能网联汽车技术基础

本课程包含智能网联汽车各方面的介绍、智能化技术(感知、决策、控制)、网联化技术、传感器及驾驶辅助系统等知识,使学生认识并了解智能网联汽车的核心技术,具备对智能网联汽车技术深入学习的能力。

3. C语言程序设计

本课程主要介绍了算法及算法描述、C语言概述、基本数据类型与数据运算、常用库函数、C程序设计的基本结构、数组、函数、预处理命令、指针、结构体与共用体以及文件等相关知识;介绍C语言的应用案例,重点讲解C语言应用系统的设计与实现,包含软件开发的各个流程,帮助学生形成科学的编程思想。

4. 汽车电控系统原理与维修

本课程主要介绍汽车电控系统的基本原理,内容包含发动机综合控制系统、变速系统电控、动力电池管理系统、驱动电机控制器、行驶安全性控制系统、电控空调系统、悬架转向电控系统、车载网络技术;课程学习结束后学生可以具有电控系统故障诊断和检修的能力。

5. ARM 微控制器与嵌入式系统

本课程以 ARM 微控制器为例,以模拟智能车为载体,介绍微控制器与嵌入应用开发的基本方法和流程,包括微控制器的基础知识、微控制单元(Microcontroller Unit,MCU)的总体结构和程序运行机制、MCU 的各种外设、嵌入式开发的基本概念与工具链、嵌入式开发的 C 语言、MCU 与嵌入式系统设计。

(四)公共基础课

1. 思政

为深入贯彻落实习近平总书记关于教育的重要论述和全国教育大会精神,把思想政治教育贯穿人才培养体系,全面推进思政建设,发挥好每门课程的育人作用,提高人才培养质量,特设思政课。

2. 语文

语文是最重要的交际工具,是人类文化的重要组成部分。工具性与人文性统一,是语文课程的基本特点。语文课程是中等职业学校学生必修的一门公共基础课,该课程能够指导学生正确理解与运用祖国的语言文字,注重基本技能的训练和思维发展,加强语文实践,培养语文的应用能力,为综合职业能力的形成以及继续学习奠定基础;提高学生的思想道德修养和科学文化素养,弘扬民族优秀文化和吸收人类进步文化,为培养高素质劳动者服务。

中等职业学校语文课程要在九年义务教育的基础上,培养学生热爱祖国语言文字的思想感情,使学生进一步提高正确理解与运用祖国语言文字的能力,提高科学文化素养,以适应就业和创业的需要。遵循技术技能人才成长规律,彰显职业教育特色,加强教学内容与社会生活、职业生活的联系,突出语文实践;注重语文课程与专业课程的融通与配合,指导学生学习必需的语文基础知识,掌握日常生活和职业岗位需要的现代文阅读能力、写作能力、口语交际能力。

3. 数学

数学教育作为教育的组成部分,在发展和完善人的教育活动中、在形成人们认识世界的态度和思想方法方面、在推动社会进步和发展过程中起着重要的作用。在现代社会中,数学教育是终身教育的重要方面,它是公民进一步深造的基础,是终身发展的需要。数学教育在中等职业教育中占有重要的地位,它使学生掌握数学的基本知识、基本技能、基本思想方法,使学生表达清晰、思考有条理,使学生具有实事求是的态度,使学生学会用数学的思考方式去认识世界,解决问题。

中等职业教育的培养目标是:培养在生产、服务和管理第一线工作的初、中级专门技术人才和高素质劳动者,具体来说,是以培养综合职业能力为核心,使学生具备良好的思想素质和一定的科学文化素质,具有健康的心理,具备适应就业需要的职业素质。

数学课程的任务是:

(1)提高学生的数学素养,使学生掌握社会生活所必需的一定的数学基础知识和基本运算能力、基本计算工具的使用能力,培养学生的数学思维能力,发展学生的数学应用意识。

(2)为学生学习职业知识和形成职业技能奠定基础。

(3)为学生接受继续教育、终身教育和自我发展、转换职业岗位提供必要的条件。

注重与生活实际和专业课程学习的联系,增加趣味性与可读性,降低数学知识的系统性要求,降低推理和证明的难度,坚持低起点、可接受、重应用的原则,使学生愿意学、学得懂、学了会用,使数学基础不同的学生都能获得不同的提高,注重提高学生的数学思维能力,强调数学思想方法的应用,以利于激发学生学习数学的兴趣,发展学生的数学应用意识。

4. 体育

体育课程是中等职业院校各类专业学生必修的文化基础课。

体育课程旨在全面提高学生身体素质,发展身体基本活动能力,增进学生身心健康,培养学生从事未来职业所必需的体能和社会适应能力,使学生掌握必要的体育与卫生保健基础知识和运动技能,增强体育锻炼与保健意识,了解一定的科学锻炼和娱乐休闲方法;注重学生个性与体育特长的发展,提高自主锻炼、自我保健、自我评价和自我调控的能力,为学生终身锻炼、继续学习与创业立业奠定基础。

通过体育教学,进行爱国主义、集体主义和职业道德与行为规范教育,提高学生的社会责任感。

5. 计算机

本课程的目的,在于通过本课程的学习,使学生在基本掌握计算机基础知识的基础上,理解计算机的常用术语和基本概念;能较熟练使用 Windows 操作平台,熟练掌握 Office 的主要软件,对音频、视频、动画等信息能进行简单的处理;具有网络的入门知识。通过对本课程的学习,培养学生的自学能力和获取计算机新知识、新技术的能力,使学生具有使用计算机工具进行文字处理、数据处理、信息获取的能力。

总之,本课程旨在培养学生掌握计算机应用的实际操作能力。对于各专业的学生而言,应具有熟练使用计算机操作系统、熟练办公软件、熟练上网操作的能力,以提高其综合素养。

6. 职业生涯规划

(1)知识目标:了解大学生就业形势;掌握职业生涯规划与设计的基本方法;掌握生涯决策、求职应聘等通用技能。

(2)能力目标:能实现职业态度转变,建立积极正确的职业态度;具备自我认识、自我规划的能力;掌握与同学、老师、上级、同事建立良好合作关系的方法和技巧。

(3)素养目标:树立积极的人生观、价值观、就业观、择业观和职业发展观;确立明确、积极的人生目标和职业理想;培养敬业奉献精神和诚信守法意识。

7. 就业指导

(1)知识目标:了解国家及当地的就业形势、就业方针政策,把握职业选择的原则和方向;了解职业发展的阶段特点;认识自己的特性、职业的特性以及社会环境;掌握就业权益、劳动法规的相关知识;掌握基本的劳动力市场信息、相关的职业分类知识以及创业的基本知识,树立创业意识。

(2)能力目标:掌握信息搜索与管理技能;掌握求职的技巧和礼仪;能根据自身的条件、特点、职业目标、职业方向、社会需求等情况,选择适当的职业;提高自我探索能力、独立思考和勇于创新的能力;提高沟通技能、问题解决技能、自我管理技能、人际交往技能和团队协作精神等。

(3)素养目标:激发学生的社会责任感,增强学生自信心,树立正确的择业就业和职业道德观念;把个人发展和国家需要、社会发展相结合,确立职业的概念和意识,愿意为个人的生涯发展和社会发展主动付出积极的努力。

8. 安全

（1）知识目标：了解安全基本知识；了解校园安全隐患；掌握与安全问题相关的法律法规和校规校纪；明确危害安全的行为。

（2）能力目标：掌握各种不同安全问题的应对策略；掌握紧急情况下的逃生策略。

（3）素养目标：认识安全的必要性，树立正确的安全意识及安全防卫心理，增强社会责任感。

9. 汽车维修企业管理

（1）知识目标：掌握汽车维修企业管理概述、企业管理的经营与策略、企业的生产管理、企业质量管理、企业财务管理以及企业人力资源管理。

（2）能力目标：能对案例进行分析，并举一反三；能做到理论与实践相结合。

（3）素养目标：培养学生的团队协作精神和沟通能力；培养学生的语言表达能力和社会交往能力；培养学生的企业管理意识，增强其思维能力、自我学习和提升的能力；培养学生的职业道德观念，敬业精神和社会责任感。

活动评价

本活动的活动评价表见表 2-3-1。

活动评价表　　　　　　　　　表 2-3-1

评分项（占比）	是否达到目标（30%）	活动表现（40%）	职业素养（30%）
评价标准（占比）	1. 完全达到； 2. 基本达到； 3. 未能达到	1. 积极参与； 2. 主动性一般； 3. 未积极参与	1. 大幅提高； 2. 略有提高； 3. 没有提高
自我评价（20%）			
组内评价（20%）			
组间评价（30%）			
教师评价（30%）			
总分（100%）			

任务四　熟悉保障措施

任务目标

（1）能简单介绍各优秀学生团队，能详细介绍至少1个最关注的团队。
（2）能简单介绍各社团组织，能详细介绍至少1个最关注的社团。

任务内容

活动："优秀团队"视频制作

活动："优秀团队"视频制作

活动场景

校外某单位领导到校想了解一下我校一些优秀学生队伍，用自己的方式向领导们介绍一下，让其对我们的实训场地能有深刻印象，最终将介绍的过程以视频的形式记录下来。

活动目标

（1）能使用普通话流利地向参观人员介绍各优秀团队和社团。
（2）能将介绍过程（视频、照片）合成为2min左右的视频。
（3）视频要求：
①"剧本"合理、完整；
②介绍时能使用普通话，大方、得体；
③视频完整、清晰。

活动计划

1. 分工
2 名领导：_____　　　　1 名介绍人员：_____

项目二　智能网联汽车技术应用专业人才培养概述

1名摄像人员：_____　　1名拍照人员：_____
1名导演：_____　　　　1名编剧：_____
1名后期制作人员：_____

2. 设备准备

_____

_____

3. 剧本准备

_____

_____

活动资源

一、比赛训练团队

汽车智能网联集训队（图2-4-1）是汽车学院优秀团队之一，他们努力拼搏、奋勇争先，多次在专业比赛中获奖。

图2-4-1　汽车智能网联集训队

二、国旗班

国旗班（图2-4-2）以升旗、降旗、爱旗、护旗为自己的神圣职责，用青春的汗水和真诚捍卫着祖国国旗的尊严，形成了一道亮丽的校园风景线。国旗班的优秀表现展现了山东交通技师学院学子独有的风采，以崭新的面貌树起了山东交通技师学院的一面独特旗帜。国旗班每一届的队员都秉承着"生命不息、奋斗不止"的信念，默默为这个集体付出，紧紧围绕学校赋予国旗班的工作重心，同心协力，顽强拼搏，圆满完成了学校交予的各项任务。

汽车学院国旗班介绍

图 2-4-2　汽车学院国旗班

三、学生会

学生会(图 2-4-3)是现在学校中的组织结构之一,是学生自己的群众性组织,是学校联系学生的桥梁和纽带。学生应该自觉接受学生会的领导、督促和检查,积极支持学生会的各项工作。参加学生会不仅可以锻炼我们的能力,提高自身修养,还可以帮助他人,交到更多的朋友,可以作为一种进入社会的提前适应阶段。

汽车学院学生会介绍

图 2-4-3　汽车学院学生会

(1)宿管部:检查、督促宿舍楼道、楼梯及宿舍内部卫生;
(2)卫生部:检查、督促教学楼楼道、楼梯及卫生区卫生;
(3)文体部:组织学生开展文体活动和周末人数清点工作;
(4)纪检部:负责课间、自习、晚休等时间段纪律检查;
(5)办公室:汇总统计各量化表格以及其他电子文档制作;
(6)社团部:负责协助、督促各社团有序开展活动。

除以上各部门任务外,学生会还协助学院完成各项大型活动组织任务,如迎新工作、运动会、各类晚会、演讲比赛、技能比赛等。

四、汽车学院社团简介

社团活动作为汽车学院第二课堂主要阵地和特色品牌之一,一直深受广大同学们的好评。社团活动是校园文化建设的主要阵地,是加强和改进学生思想政治教育的重要途径,是学生创新精神和实践能力培养的重要载体。社团以其具有的思想性、艺术性、知识性、趣味性、多样性的多种形式吸引着广大学生参与其中,已成为广大学生丰富校园生活、参与学校活动、延伸求知领域、扩大交友范围的一种重要方式。

汽车学院社团由学生会社团部统一管理,下设龙鼓盛世社团、篮球社团、足球社团、乒乓球社团、演讲社团、歌唱社团、跆拳道社团、羽毛球社团、摄影社团等多个社团,同学们也可以根据自己的喜好成立新的社团。

(1)龙鼓盛世社团(图2-4-4)。该社团以学习传统舞龙、锣鼓为主,新学期还将开设舞狮学习。该社团荣获山东省第十届全民健身运动会舞龙舞狮锣鼓网络比赛少年组二等奖、临沂市一等奖的佳绩。

龙鼓盛世
社团介绍

(2)篮球社团(图2-4-5)。篮球社团是我校最早成立的社团之一,也是比较受学生喜爱的一个社团。社团制定社团章程,建立和完善社团自主管理和发展的运行机制,完善社团成员管理考核制度,建立社团评审制度,为社团的发展提供良好的基础和保证。

图2-4-4　龙鼓盛世社团　　　　图2-4-5　篮球社团

(3)足球社团(图2-4-6)。足球社团是一个以开展文娱和体育活动为目的的非营利性质的学生社团。加入足球社团可以促进学生身心健康发展,培养德、智、体、美全面发展的人才。社团宗旨是发扬我校足球运动,发掘足球天赋人员,增强体育锻炼,健强体魄,积极组织同学们参加活动。

(4)歌唱社团(图2-4-7)。歌唱社团以"快乐歌唱、享受歌唱"为宗旨,通过社团活动这个平台,同学们互相交流,互相学习,提高自身的歌唱能力。本社团自成立以来,通过有计划的学习,有目的的训练,队员的个人素质和综合素质都得到了较大的提升,演唱技巧和技能、表演技巧、艺术素养都有长足的进步。

(5)演讲社团(图2-4-8)。演讲社团致力于学生公众表达能力的提升,以

"投资口才就是投资未来"为理念,旨在实现展现学生讲的艺术、说的风采,促进学生口才文化与和谐人际关系建设,提高学生的文化素质,丰富校园文化生活,活跃校园文化气氛,在艺术实践活动中进行爱党、爱国、爱家、爱校教育,陶冶情操。

图 2-4-6　足球社团　　　　　　　图 2-4-7　歌唱社团

(6)北极熊跆拳道社团(图2-4-9)。北极熊跆拳道社团是我院成立最早的社团之一。跆拳道起源于朝鲜半岛,经历了千年洗礼和锤炼。跆拳道以"始于礼,终于礼"的精神为基础,讲究礼仪。"礼仪"是跆拳道基本精神的具体体现。跆拳道具有防身、健身、修身养、娱乐观赏等多方面的作用,是练习者精神和身体的综合修炼,使练习者在艰苦的磨炼中培养出理想的人格和体魄,并能够真正掌握防身自卫的本领。

图 2-4-8　演讲社团　　　　　　　图 2-4-9　北极熊跆拳道社团

(7)羽毛球社团(图2-4-10)。羽毛球社团旨在提高羽毛球技艺,组织学校学生进行羽毛球比赛,强健同学们的体魄。羽毛球社团汇集学校热爱羽毛球的同学在课外时间进行锻炼,丰富同学们的课余生活。

(8)摄影社团(图2-4-11)。摄影社团的每一位社员都对摄影抱有浓厚的兴趣。在日常生活中,我时常拿起相机拍下自己认为美的东西,摄影的魅力在于按下快门,记录感动的刹那。很多美不需要太多优美的动作去诠释,而恰恰仅需要一个画面去记录每个永恒的瞬间。每一个社员都会用眼睛、用专业的知识、用手头的工具,去观察去记录身边稍纵即近的美。

项目二　智能网联汽车技术应用专业人才培养概述

图 2-4-10　羽毛球社团

图 2-4-11　摄影社团

活动展示

教师审核视频，学生以小组为单位在自媒体上展示，获取点赞量。

汽车学院部分社团介绍

活动评价

本活动的活动评价表见表 2-4-1。

活动评价表　　　　　　　　表 2-4-1

评分项（占比）	是否达到目标（30%）	活动表现（40%）	职业素养（30%）
评价标准（占比）	1. 完全达到； 2. 基本达到； 3. 未能达到	1. 积极参与； 2. 主动性一般； 3. 未积极参与	1. 大幅提高； 2. 略有提高； 3. 没有提高
自我评价（20%）			
组内评价（20%）			
组间评价（30%）			
教师评价（30%）			
总分（100%）			

项目三 智能网联汽车技术应用专业技术概述

任务一　自动驾驶系统

任务目标

(1) 能熟练介绍智能网联汽车硬件及其应用场景。
(2) 能熟练掌握智能网联汽车交互终端操作系统的使用。

任务内容

活动一：智能网联汽车硬件解说
活动二：智能网联汽车交互终端操作大比武
活动三：自动驾驶"停障"初体验

活动一：智能网联汽车硬件解说

智能网联汽车(Intelligent Connected Vehicle,ICV)，是搭载先进的车载传感器、控制器、执行器等装置，并融合现代通信与网络技术，实现车与X(人、车、路、互联网等)智能信息交换共享，具备复杂的环境感知、智能决策、协同控制和执行等功能，可实现安全、舒适、节能、高效行驶，并最终可替代人来操作的新一代汽车。

人类可以通过视觉、听觉、嗅觉、触觉等去感知外部环境，然后通过我们的大脑判断决策发送指令做出相应动作。而智能网联汽车自动驾驶系统为了能感知周围的环境，装备有大量的传感器，可以将智能网联汽车看作是"移动的传感器平台"。同时，为了能够处理大量的传感器及其他数据，智能网联汽车还需要一个聪明的"大脑"——控制器。在这里我们会认识一个新的伙伴——智能网联汽车"小黑"。"小黑"将会陪我们走过愉快的三年，我迫不及待地想将它介绍给大家。

项目三　智能网联汽车技术应用专业技术概述

活动场景

报名大厅有一批想了解智能网联汽车专业的家长和学生,在现场看到了智能网联车"小黑"。用自己的方式给家长和学生介绍一下"小黑",让他们对"小黑"的各个部件能有深刻印象,最后将介绍的过程以视频的形式记录下来。

活动目标

(1)能使用普通话流利地向参观人员介绍智能网联汽车的硬件。
(2)能将介绍过程(视频、照片)合成为2min左右的视频。
(3)视频要求:
①"剧本"合理、完整;
②介绍时能使用普通话,大方、得体;
③视频完整、清晰。

活动计划

1. 分工

1 名参观家长:_____　　1 名学生:_____
1 名介绍人员:_____　　1 名摄像人员:_____
1 名拍照人员:_____　　1 名导演:_____
1 名编剧:_____　　　　1 名后期制作人员:_____

2. 设备准备

_____

_____

3. 剧本准备

_____

_____

活动资源

一、智能网联汽车

1. 功能概述

智能网联汽车实操平台内部的数据链路拓扑结构分为三层。

最底层以车辆底盘为核心:操控遥控器(天地飞7航模遥控器)发送两个通道的连续控制量,控制车辆前轮转向和后轮前后推进,一个通道开关量控制手动驾驶与自动驾驶切换,一个通道开关量控制实施急停及解除急停。另有总急停遥控器(橘色,控制范围100m)和安装于台架(上装)侧面的急停按钮,在任何情况下,均可使车辆直接断电抱闸。该等级的急停为车辆的最高级别急停(注意:此级别的急停一旦实施,即便解除后前轮转向舵机也无法工作,车辆无法转弯,车底盘完全断电重启后即可恢复正常)。

中间层以控制器为核心,控制器主要完成高层协议与车底盘控制协议之间的相互转换,以及控制报警灯在出现故障时发出提示,同时受远程急停遥控器(白色,此急停只用于自动驾驶模式,控制范围300m)控制,远程急停遥控器急停实施后控制器将控制底盘迅速转停,不再响应高层协议消息。远程急停遥控器急停解除后,车辆可以继续受高层协议控制。

最高层以自动驾驶处理器(简称AGX)平台为核心,接收激光雷达和毫米波雷达的数据,同时也可以接受连接到路由器热点的其他终端的远程桌面控制请求;组合导航定位模块通过普通USB(Universal Serial Bus,通用串行总线)接口连接到AGX。

在当前架构下,车辆可实现人工遥控驾驶,以及依靠组合导航定位模块结合激光雷达和毫米波雷达实现自动循迹驾驶,并在途中实现对障碍物的感知并停车以及自主绕行等功能。

2. 平台构成

智能网联汽车实操平台,即多传感器智能集成车(以下简称集成车),由组成部件模块和算法功能模块构成。

组成部件包括底盘和上装两大部分,底盘部分包含可实现基本移动功能的可对外供电的车辆底盘、与底盘配套使用的操控遥控器、总急停遥控器,以及车体急停按钮等部件;上装部分包括实现自动驾驶功能所需的激光雷达、毫米波雷达、环视摄像头、组合导航定位模块、4G路由器及交换机、控制器、报警灯、远程急停遥控器等部件。

1)底盘

底盘部分实物图如图3-1-1所示,内部部件包括带有机械抱闸装置的永磁三相电机(内转子无刷电机)及其驱动器,用于驱动车辆后桥结构;总急停遥控器装置发射及接收机,实现远程遥控切断前后轮驱动器的供电,从而实现底盘急停[急停后驱动器断电,电子控制单元(Electronic Control Unit,ECU)正常工作,即便解除急停,驱动器上电后,由于未能接收到ECU的初始化消息,驱动器仍不能正常工作,需要整体断电重新上电后才能恢复正常。另外切断供电后,后轮电机机械抱闸装置会抱死,经常在高速行驶时急停可能导致抱闸磨损过快,需要注意]。

2)台架

台架部分包括控制器、远程急停遥控器、报警灯、AGX、交换机、4G路由器和多种传感器。中汽研智能网联汽车整车台架实物图如图3-1-2所示。

图3-1-1 底盘部分实物图

控制器实现AGX发送的高级控制命令与底盘控制协议之间的转换,以及底盘关键信息向AGX的上传。此外,AGX对传感器检测若发现工作异常,会发送报警命令给控制器,控制器驱动报警灯报警;远程急停遥控器装置被实施后,控制器将停止协议转换工作,发送制动命令,控制电机反拖制动(这种急停方式不影响底盘寿命,建议使用)。

图3-1-2 中汽研智能网联汽车整车台架实物图

3. 设备

1)视觉传感器

如图3-1-3所示,单目相机分为前视、后视、左视、右视四部分。单目相机具有以下特点:

(1)信息量极为丰富:不仅包含有视野内物体的距离信息,而且还有该物体的颜色,纹理深度和形状等信息;

(2)多任务检测:在视野范围内,可同时实现道路检测、车辆检测、行人交通标志检测、交通信号灯检测等;

(3)实时获取场景信息:提供的信息不依赖于先验知识,有较强的适应环境的能力。

2)超声波雷达

如图 3-1-4 所示,超声波雷达已经普遍应用在现在车辆上,在智能网联车辆上主要用于进行自动泊车辅助。

图 3-1-3　单目相机

图 3-1-4　超声波雷达

3)毫米波雷达

如图 3-1-5 所示,毫米波雷达工作在毫米波段。通常毫米波是指 30～300GHz 频段(波长为 1～10mm)。毫米波的波长介于厘米波和光波之间,因此毫米波兼有微波制导和光电制导的优点。相比厘米波导引头,毫米波导引头具有体积小、质量轻和空间分辨率高的特点。与红外、激光、电视等光学导引头相比,毫米波导引头穿透雾、烟、灰尘的能力强,具有全天候(大雨天除外)、全天时的特点。另外,毫米波导引头的抗干扰、反隐身能力也优于其他微波导引头。

鉴于毫米波雷达的特点,它容易满足以下的应用需求。

(1)高精度多维搜索测量:进行高精度距离、方位、频率和空间位置的测量定位;

(2)雷达安装平台有体积、质量、振动和其他环境的严格要求:毫米波雷达天线尺寸小、质量轻,容易满足便携、弹载、车载、机载和星载等不同平台的特殊环境要求;

(3)目标特征提取和分类识别:毫米波雷达具有分辨率高、工作频带宽、多普勒频率响应数值大、短的波长易获得目标细节特征和清晰轮廓成像等特点,适于目标分类和识别的重要战术要求;

(4)小目标和近距离探测:毫米波短波长对应的光学区尺寸较小,相对微波雷达更适于小目标探测。除特殊的空间目标观测等远程毫米波雷达外,一般毫米波雷达适用于30km以下的近距离探测；

（5）抗电子战干扰性强：毫米波窗口可用频段宽，易进行宽频带扩频和跳频设计。同时针对毫米波雷达的侦察和干扰设备面临宽频带、大气衰减和窄波束等干扰难题，毫米波雷达相对微波雷达具有更好的抗干扰能力。

4）激光雷达

如图3-1-6所示，激光雷达（Light Detection and Ranging，LiDAR），是激光探测及测距系统的简称。激光雷达是激光技术与雷达技术相结合的产物，由发射机、天线、接收机、跟踪架及信息处理等部分组成。发射机是各种形式的激光器，如二氧化碳激光器、掺钕钇铝石榴石激光器、半导体激光器及波长可调谐的固体激光器等；天线是光学望远镜；接收机采用各种形式的光电探测器，如光电倍增管、半导体光电二极管、雪崩光电二极管、红外和可见光多元探测器件等。激光雷达采用脉冲或连续波2种工作方式，探测方法分直接探测与外差探测。按照线程不同，可分为单线、4线、8线、16线、32线、64线、128线几种。

图3-1-5　毫米波雷达

图3-1-6　激光雷达

5）惯性导航

如图3-1-7所示，惯性导航是加速度传感器和陀螺仪传感器的结合，加速度传感器解决速度，陀螺仪传感器解决方向，其重要特征在于高频率更新提供接近实时的位置信息。惯性导航可以看成是惯性测量单元（Inertial Measurement Unit，IMU）与软件的结合，输出实时的高精度三维位置、速度、姿态信息。在智能网联汽车中，全球定位系统（Global Positioning System，GPS）的更新频率一般为10Hz，IMU的更新频率一般为100Hz，两个传感器共同工作时可以给出频率100Hz的定位，输出弥补GPS取得真实的定位，配合激光雷达提供精确位置，可全天候在任何地点工作。但其缺点是价格昂贵，不能给出时间信息。

图3-1-7　惯性导航

活动展示

教师审核视频,学生以小组为单位在自媒体上展示,获取点赞量。

活动评价

本活动的活动评价表见表3-1-1。

活动评价表　　　　　　　　表3-1-1

评分项 （占比）	是否达到目标 （30%）	活动表现 （40%）	职业素养 （30%）
评价标准 （占比）	1. 完全达到； 2. 基本达到； 3. 未能达到	1. 积极参与； 2. 主动性一般； 3. 未积极参与	1. 大幅提高； 2. 略有提高； 3. 没有提高
自我评价(20%)			
组内评价(20%)			
组间评价(30%)			
教师评价(30%)			
总分(100%)			
自我总结			

活动二：智能网联汽车交互终端操作大比武

交互终端是人与智能网联汽车交流的窗口,通过交互终端,我们能够对智能网联汽车发送和获取数据。

活动场景

有一批来我校做校外扩展活动的小学生,来到了我们的实训场地,小学生们对我们的智能网联汽车"小黑"很感兴趣,他们想知道,我们是怎么和"小黑"交流的。用自己的方式给小学生们演示一下"小黑"的交互终端,让他们对"小黑"的使用有个初步了解。最后将演示的过程以视频的形式记录下来。

活动目标

(1)能正确、规范地向参观人员演示智能网联汽车启动及交互终端的使用。
(2)能将演示过程(视频、照片)合成为2min左右的视频。
(3)视频要求:
①"剧本"合理、完整;
②演示时操作规范,讲解得体;
③视频完整、清晰。

活动计划

1. 分工

2名领导:_____　　　1名演示人员:_____
1名摄像人名:_____　　1名拍照人员:_____
1名导演:_____　　　　1名安全员:_____
1名后期制作人员:_____

2. 设备准备

_____
_____

3. 剧本准备

_____
_____

活动资源

1. 整车状况及工具的检查

(1)工具设备检查。检查设备、线束及工具是否齐全。
(2)车身检查。环绕车身一周,检查车身是否断裂,测量胎压(胎压标准值为0.2~0.3MPa)等车辆参数是否正常,检查操作平台是否存在安全隐患。
(3)电源灯提示检查。检查总开关是否正常(打开时红灯常亮);检查其他8个设备开关是否正常(打开时绿灯常亮)。如图3-1-8所示,8个设备包括AGX、惯性导航、控制器、路由器、显示器、激光雷达、交换机、毫米波雷达。检查车头处的红灯是否常亮。

（4）急停开关。检查车身上的4个急停按键是否被按下；检查操控遥控器上的急停拨钮按键是否被调到急停状态，如果2种急停方式已被采用，将急停状态取消。用千斤顶顶起后轮驱动轮，检查4个急停开关和操控遥控器急停开关是否有效；先将急停开关按下至急停状态，再拨动遥杆看车轮是否转动；解除急停后，再拨动遥杆看可以驱动车轮。如果在驱动车轮转动后将急停开关按下让车突然抱闸，会对车辆造成严重损耗。

图 3-1-8　检查设备开关是否正常

（5）转向、制动、驱动检查。用千斤顶正确地支起后驱动轮，操作控制挡杆向上为前进，向下为后退，向左为左转向，向右为右转向。推动挡杆时，请先缓慢小幅度推动，待车辆起动再进行速度和方向测试。

注意：在进行急停开关和转向及动力检查时，需要用千斤顶将后轮驱动轮顶起，车轮距地面高度不超过5cm。上述检查完成后，将电源断开。

活动展示

教师审核视频，学生以小组为单位在自媒体上展示，获取点赞量。

活动评价

本活动的活动评价表见表 3-1-2。

活动评价表　　　　表 3-1-2

评分项 （占比）	是否达到目标 （30%）	活动表现 （40%）	职业素养 （30%）
评价标准 （占比）	1. 完全达到； 2. 基本达到； 3. 未能达到	1. 积极参与； 2. 主动性一般； 3. 未积极参与	1. 大幅提高； 2. 略有提高； 3. 没有提高
自我评价（20%）			

续上表

评分项（占比）	是否达到目标（30%）	活动表现（40%）	职业素养（30%）
组内评价(20%)			
组间评价(30%)			
教师评价(30%)			
总分(100%)			
自我总结			

活动三：自动驾驶"停障"初体验

智能网联汽车通过自身搭载的传感器，如激光雷达、毫米波雷达、摄像头等获得自身定位及周围环境的信息，如障碍物状况、道路状况等，然后进行相应的决策规划，并对车辆进行控制，最终实现车辆的安全自主驾驶。

活动场景

学校技能节时各专业要进行表演，智能网联汽车专业上报的节目为智能网联汽车"停障演示"。用自己的方式给观众演示一下智能网联汽车"小黑"的停障功能，最后将介绍的过程以视频的形式记录下来。

活动目标

（1）能正确、规范地向观众演示智能网联汽车的"停障"功能。
（2）能将演示过程（视频、照片）合成为2min左右的视频。
（3）视频要求：
①"剧本"合理、完整；
②演示时操作规范，讲解得体；
③视频完整、清晰。

活动计划

1. 分工

1 名观众：_____　　　2 名学生：_____

1 名介绍人员：_____　1 名摄像人员：_____

1 名拍照人员：_____　1 名导演：_____

1 名编剧：_____　　　1 名后期制作人员：_____

2. 设备准备

_____

_____

3. 剧本准备

_____

_____

活动资源

1. 车辆支起性能测试

使用 2.5t 液压千斤顶支起车辆驱动轮，如图 3-1-9 所示。在使用千斤顶的过程中，注意将千斤顶托盘顶在车身承重结构上，后车轮距地面高度不超过 5cm。

图 3-1-9　用千斤顶支起车辆驱动轮

2. 停障功能测试

点开自动驾驶 TEST（测试）页面的停障测试按钮，车辆驱动轮开始转动，在车辆正前方 3m 左右，进行行人穿越测试。当有行人闯入时，车辆会进行停障，驱动轮停止转动；行人离开，驱动轮继续转动，测试成功。若不成功，则需要检查设备的安装、线束连接是否正确。

活动展示

教师审核视频，学生以小组为单位在自媒体上展示，获取点赞量。

活动评价

本活动的活动评价表见表3-1-3。

活 动 评 价 表   表3-1-3

评分项 （占比）	是否达到目标 （30%）	活动表现 （40%）	职业素养 （30%）
评价标准 （占比）	1.完全达到； 2.基本达到； 3.未能达到	1.积极参与； 2.主动性一般； 3.未积极参与	1.大幅提高； 2.略有提高； 3.没有提高
自我评价(20%)			
组内评价(20%)			
组间评价(30%)			
教师评价(30%)			
总分(100%)			
自我总结			

任务二　智能汽车感知与定位技术

任务目标

（1）能熟练地调用摄像头并进行标定。
（2）能熟练地组合导航进行标定。
（3）能熟练地调用激光雷达并进行标定。

任务内容

活动一：智能网联汽车"看"世界

活动二：找出你的经纬度

活动三：挥挥手找到你

活动一：智能网联汽车"看"世界

随着机器视觉技术的发展，目前视觉传感器能提供无人驾驶汽车感知和定位两个功能。其中，无人驾驶汽车感知功能主要包括障碍物识别、可通行空间识别、交通信号灯识别；定位功能是基于视觉同步定位与建图技术，将提前建好的地图和实时的感知结果做匹配，获取当前汽车的位置。

视觉传感器工作状态受天气状态、光线明暗和拍摄物体形状的影响较大。MobilEYE 是著名的车用视觉系统公司，初创于以色列，于 2017 年被美国 INTEL 公司以 153 亿美元收购。美国特斯拉汽车公司在其无人驾驶技术方案中，坚决排斥激光雷达，而采用了毫米波雷达视觉传感器的方案，除了无人驾驶技术应用外，视觉传感器还可以应用于倒车辅助、泊车辅助、驾驶人行为监测等。

活动场景

有一批来我校做校外扩展活动的小学生，来到了我们的实训场地。小学生们对我们的智能网联汽车"小黑"很感兴趣，他们想知道"小黑"是怎样看见世界的。用自己的方式向小学生们演示一下"小黑"是怎样看见这个世界的，让他们对"小黑"的使用有个初步了解。最后将演示的过程以视频的形式记录下来。

活动目标

（1）能正确、规范地向参观人员演示智能网联汽车摄像头的调用。

（2）能将演示过程（视频、照片）合成为 2min 左右的视频。

（3）视频要求：

①"剧本"合理、完整；

②介绍时能使用普通话，大方、得体；

③视频完整、清晰。

活动计划

1. 分工

1 名演示人员：_____   1 名辅助演示人员：_____

1 名介绍人员：_____　　1 名摄像人员：_____
1 名拍照人员：_____　　1 名导演：_____
1 名编剧：_____　　　　1 名后期制作人员：_____

2. 设备准备

_____

_____

3. 剧本准备

_____

_____

_____

活动资源

一、了解视觉传感器的分类与应用

视觉传感器又称摄像机，是将二维光强分布的光学图像转变成一维时序电信号的传感器。

视觉传感器按照芯片类型不同，主要分为电荷耦合器件和互补金属氧化物半导体两大类；按照镜头和布置方式的不同，又分为单目视觉传感器、双目视觉传感器和环视视觉传感器。具有高级驾驶辅助系统的汽车单目视觉传感器如图 3-2-1 所示。

单目视觉传感器只包含一个摄像机和一个镜头，其算法成熟度很高，但是有两个先天的缺陷：

图 3-2-1　单目视觉传感器

（1）传感器的视野完全取决于镜头，焦距短的镜头视野广，但会缺失远处的信息，焦距长的镜头则相反。

（2）单目测距的精度较低。视觉传感器的成像图是透视图，即越远的物体成像越小，同样大小的物体，在近处时需要大量的像素点描述，在远处时可能只有几个像素点。

单目视觉传感器无法判断具有同样像素点数量物体的大小、远近关系，因此一般采用双目视觉传感器。

双目视觉传感器的两个视觉传感器拍摄物体时，会得到同一物体在视觉传感器的成像平面的像素偏移量，有了像素偏移量、相机焦距和两个视觉传感器的实际距离等信息,即可根据数学换算得到物体的距离。例如,百度 APOLLO2.0 无人驾驶汽车使用了两个同样规格的视觉传感器 LI-USB0-AR0ZWDR,但是镜头的焦距分别为 6mm 和 25mm,可分别进行近处和远处的信号灯识别。

双目视觉传感器虽然比单目视觉传感器提高了测距能力,但其镜头视野仍然完全依赖于镜头,并且对两个镜头的安装位置要求较高,这给视觉传感器的标定带来了困难。

二、单目视觉传感器的标定

视觉传感器标定包括内参标定和外参标定,其中,内参标定主要是像素焦距图像原点其变等参数的内参标定通常在传感器生产过程中标定,一般情况下所说的视觉传感器标定通常是指外参标定。

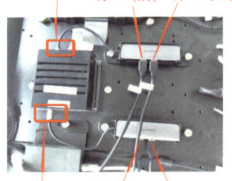

图 3-2-2　摄像头连接情况

(1)连接摄像头。在车载 AGX 中,有两个 type-c 接口,每个 type-c 接口连接一个 USB-hub,每个 USB-hub 分别连接两个环视摄像头,其中 1 号 hub 端口 1 和端口 2 分别连接前、后环视摄像头,2 号 hub 端口 1 和端口 2 分别连接左、右环视摄像头,具体连接情况如图 3-2-2 所示。

注意:连接时,设备必须先通电,通电状态下连接顺序必须是前、后、左、右,否则图像对应不上,需要全部拔掉并重新按照顺序连接。

(2)在 AGX Linux 系统中,打开左侧菜单栏的终端界面(若左侧无终端界面,则可以鼠标右键点击最下方的 open terminal 或以 Ctrl + Alt + T 的快捷方式打开终端),在终端中进入程序目录,在终端中执行"python3 calibrate_camera.py-i 摄像头 id-grid 棋盘格内角点"命令,即可执行内参标定程序。例如 0 号摄像头为前视摄像头、选用的棋盘格标定板尺寸为 9cm×12cm,但是内角点为 8cm×11cm。摄像头矫正图像显示界面如图 3-2-3 所示。

(3)使标定板在环视摄像头前不断移动,在移动过程中,要保证标定板能完整、清楚地出现在摄像头的视野中。每个环视摄像头采集至少三个不同位置的图片,这里不同位置的意思是标定板位于不同的平面上。按 C 键,摄像头窗口中显示"Success"字样,表示标定成功;按 Q 键退出界面。环视摄像头共有 4 个,每个摄像头的标定方法一致。

图 3-2-3　摄像头矫正图像显示界面

（4）文件重命名。摄像头内参标定完成后，桌面会生成 1 个 calibration_results 文件夹，双击进入该文件夹后可对摄像头内参标定文件进行重命名。点击鼠标右键，分别将 0 号重名为"front"，1 号重命名为"back"，2 号重命名为"left"，3 号重命名为"right"。

活动展示

教师审核视频，学生以小组为单位在自媒体上展示，获取点赞量。

活动评价

本活动的活动评价表见表 3-2-1。

活动评价表　　　　　　　　　　　　　表 3-2-1

评分项 （占比）	是否达到目标 （30%）	活动表现 （40%）	职业素养 （30%）
评价标准 （占比）	1. 完全达到； 2. 基本达到； 3. 未能达到	1. 积极参与； 2. 主动性一般； 3. 未积极参与	1. 大幅提高； 2. 略有提高； 3. 没有提高
自我评价（20%）			
组内评价（20%）			
组间评价（30%）			
教师评价（30%）			
总分（100%）			
自我总结			

智能网联汽车技术应用专业概论

活动二：找出你的经纬度

无人驾驶汽车必须能精确地进行定位，给出汽车所在位置的相对或绝对坐标。导航根据汽车定位和地图信息为汽车规划行驶方向和路径。

汽车是一种实用的交通工具，人们一直试图使汽车具有导航能力。在数十年的汽车导航技术发展过程中，主要有自主导航、GPS 导航和混合导航三种方案，这三种方案用到了不同的定位传感器。

自主导航利用内置传感器确定车辆自身所处的相对位置和行驶方向，用数学分析的方法确定行车路径，并将该行车路径与内存电子地图上的道路进行比较，确定车辆在地图上所处的位置、到达目的地的方向和剩余距离等。此外，也有汽车使用罗盘传感器或陀螺仪传感器，其中罗盘传感器是用霍尔效应和地球磁场来判断汽车行驶方向，陀螺仪传感器是利用汽车行驶的惯性，这两种传感器的累积误差都比较大。

GPS 是一种以空中卫星为基础的高精度无线电导航定位系统，它在全球任何地方以及近地空间都能够提供准确的地理位置、行车速度及精确的时间信息，但是隧道、涵洞、山区和城市大厦会遮挡 GPS 信号，造成某些汽车定位的盲区，所以不适合无人驾驶汽车。

无人驾驶汽车的定位导航技术是混合导航，它综合了 GPS 定位、惯性定位和高精度地图三大技术，在任何时间和区域都能精确定位汽车坐标，规划最优路径。

活动场景

有一批来我校做校外扩展活动的小学生，来到了我们的实训场地。小学生们对我们的智能网联汽车"小黑"很感兴趣，他们想知道"小黑"是怎么样知道自己位置的。用自己的方式给小学生们演示一下"小黑"是如何定位的，让他们对"小黑"的使用有个初步了解。最后将演示的过程以视频的形式记录下来。

活动目标

（1）能正确、规范地向参观人员演示智能网联汽车经纬度的调用。

（2）能将演示过程（视频、照片）合成为 2min 左右的视频。

（3）视频要求：

①"剧本"合理、完整；
②演示时操作规范，讲解得体；
③视频完整、清晰。

活动计划

1. 分工

1 名演示人员：＿＿＿＿＿＿　　　1 名辅助演示人员：＿＿＿＿＿＿

1 名介绍人员：＿＿＿＿＿＿　　　1 名摄像人员：＿＿＿＿＿＿

1 名拍照人员：＿＿＿＿＿＿　　　1 名导演：＿＿＿＿＿＿

1 名编剧：＿＿＿＿＿＿　　　　　1 名后期制作人员：＿＿＿＿＿＿

2. 设备准备

＿＿＿＿＿＿＿＿＿＿＿＿＿＿＿＿＿＿＿＿＿＿＿＿＿＿＿＿＿＿＿＿＿＿

＿＿＿＿＿＿＿＿＿＿＿＿＿＿＿＿＿＿＿＿＿＿＿＿＿＿＿＿＿＿＿＿＿＿

3. 剧本准备

＿＿＿＿＿＿＿＿＿＿＿＿＿＿＿＿＿＿＿＿＿＿＿＿＿＿＿＿＿＿＿＿＿＿

＿＿＿＿＿＿＿＿＿＿＿＿＿＿＿＿＿＿＿＿＿＿＿＿＿＿＿＿＿＿＿＿＿＿

活动资源

一、卫星导航系统认知

全球卫星导航系统（Global Navigation Satellite System，GNSS）是能够在地球表面或近地空间的任何地点为用户提供全天候的三维坐标、速度以及时间信息的空基无线电导航定位系统，常见的有 GPS（美国）、GLONASS（俄罗斯）、Galileo（欧盟）、BDS（中国北斗卫星导航系统）四大卫星导航系统。

GPS 是美国第二代卫星导航系统，它是在子午仪卫星导航系统的基础上发展起来的，从 20 世纪 70 年代开始研制，于 1994 年全面建成。GPS 的空间部分使用 24 颗高度约 2.02 万 km 的卫星组成卫星星座。24 颗卫星分为 21 颗工作卫星和 3 颗备用卫星，分布在 6 个轨道面上（每轨道面 4 颗），轨道倾角为 55°，均为近圆形轨道，运行周期约为 11h58min。卫星的分布使得在全球任何地方、任何时间都可观测到 4 颗以上的卫星，并能保持良好定位解算精度的几何图形，这就提供了在时间上连续的全球导航能力。

我国北斗卫星导航系统（BDS）设计了 35 颗卫星，目前只发射了 16 颗北斗导航卫星,覆盖了全球 2/3 的地区。

1. GPS 定位的优点

(1) 全球全天候定位。GPS 卫星的数目较多,且分布均匀,保证了地球上任何地方任何时间至少可以同时观测到 4 颗 GPS 卫星,确保实现全球全天候、连续的导航定位服务(除打雷闪电不宜观测外)。

(2) 定位精度高。受到卫星误差、传播路径和接收机误差等影响,GPS 绝对定位精度不高。但是通过差分技术可以获得很高的相对定位精度,例如基于实时动态(Real Time Kinematic,RTK)载波相位差分技术可以获得厘米级的定位精度。

(3) 观测时间短。随着 GPS 的不断完善,20km 以内相对静态定位,仅需 15～20min;当每个流动站与基准站相距在 15km 以内时,流动站观测时间只需 1～2min;采取实时动态定位模式时,每站观测仅需几秒钟。

(4) 测站间不需要通视。GPS 测量只要求测站上空开阔,不要求测站之间互相通视,因而不再需要建造觇标。

(5) 仪器操作简便。随着 GPS 接收机的不断改进,GPS 测量的自动化程度越来越高,有的已趋于"傻瓜化"。

(6) 可提供全球统一的三维地心坐标。GPS 水准可满足四等水准测量的精度,另外,GPS 定位是在全球统一的 WGS-84 坐标系统中计算的,因此全球不同地点的测量成果是相互关联的。

2. GPS 定位的缺点

(1) 系统确定位置受气候、电离层、对流层、空气、电磁波等因素的影响,会存在偏差。

(2) GPS 高程测量能够达到一定的精度,但用 GPS 施测的市政工程测量控制点,应进一步用常规仪器进行水准联测。

(3) GPS 测量更适用于在视野开阔、障碍物较少的新建区,进行野外、勘探定位等。

(4) GPS 测量成果与常规测量成果之间、不同型号测量成果之间存在的差异比较大。

(5) 需要发射和维护数十颗 GPS 卫星,造价昂贵。

二、惯性导航的标定参数设置

进入惯性导航设置页面,如图 3-2-4 所示。根据 GPS 天线和惯性导航模块在车辆上实际布放相对位置,如实填写车辆参数设置中的页面参数,从上到下依次对车辆参数设置进行修改。惯性导航主机坐标系 xyz 方向以惯性导航主机上铭牌标识方向为准。

(1)工作模式:选择工作模式为车载低速。

使用角度测量仪依次测量惯性导航主机与车辆坐标系的夹角,惯性导航主机

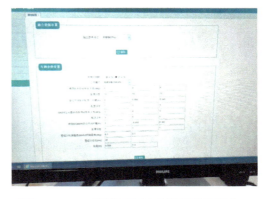

图 3-2-4　惯性导航配置网页图

坐标系以惯性导航主机上铭牌标识方向为准,车辆坐标系以车长方向为 y 轴,以车宽方向为 x 轴,以车高方向为 z 轴。配置误差为默认误差。

(2)GNSS 定位天线到后轮中心杆臂(m)。

依据刻度值依次确定定位天线到后轮轴中心点的 x、y、z 方向的距离,并依次输入。

活动展示

教师审核视频,学生以小组为单位在自媒体上展示,获取点赞量。

活动评价

本活动的活动评价表见表 3-2-2。

活动评价表　　　　　　　表 3-2-2

评分项 (占比)	是否达到目标 (30%)	活动表现 (40%)	职业素养 (30%)
评价标准 (占比)	1.完全达到; 2.基本达到; 3.未能达到	1.积极参与; 2.主动性一般; 3.未积极参与	1.大幅提高; 2.略有提高; 3.没有提高
自我评价(20%)			
组内评价(20%)			
组间评价(30%)			

续上表

评分项 （占比）	是否达到目标 （30%）	活动表现 （40%）	职业素养 （30%）
教师评价(30%)			
总分(100%)			
自我总结			

活动三：挥挥手找到你

近年来，无人驾驶汽车发展迅速，谷歌、百度、Uber等无人驾驶汽车研发团队均使用激光雷达作为传感器之一，它与图像识别等技术搭配使用，能使汽车实现对路况的判断。传统的汽车厂商也纷纷开始研发无人驾驶汽车，包括大众、日产、丰田等汽车公司都在研发和测试无人驾驶汽车技术，他们也均采用了激光雷达。

活动场景

有一批来我校做校外扩展活动的小学生，来到了我们的实训场地。小学生们对我们的智能网联汽车"小黑"很感兴趣，他们想知道"小黑"是怎样知道自己所处的空间环境的。用自己的方式向小学生们演示一下"小黑"是如何扫描空间环境的，让他们对"小黑"的使用有个初步了解。最后将演示的过程以视频的形式记录下来。

活动目标

（1）能正确、规范地向参观人员演示智能网联汽车激光雷达的使用。
（2）能将演示过程（视频、照片）合成为2min左右的视频。
（3）视频要求：
①"剧本"合理、完整；
②演示时操作规范，讲解得体；
③视频完整、清晰。

项目三　智能网联汽车技术应用专业技术概述

> **活动计划**

1. 分工
1 名演示人员：_____　　1 名辅助演示人员：_____
1 名介绍人员：_____　　1 名摄像：_____
1 名拍照人员：_____　　1 名导演：_____
1 名编剧：_____　　1 名后期制作：_____

2. 设备准备
_____
_____

3. 剧本准备
_____
_____

> **活动资源**

一、激光特性认知

激光雷达即基于光的探测测距。激光雷达、确地定位激光束打在物体上的光斑，测距精度可达厘米级。激光雷达最大的优势就是精准、快速和高效，它是一种用于精确获得三维位置信息的传感器，其在机器中的作用相当于人类的眼睛，能够确定物体的位置、大小、外部形貌甚至材质。

激光雷达实际上是一种工作在光学波段（特殊波段）的雷达，它以激光作为载波，以光电探测器为接收器件，以光学望远镜为天线。激光雷达通过发射激光束，通过分析遇到障物的回波信号时间来工作，因此激光的特性决定了激光雷达的工作特性。

二、激光雷达的分类

1. 激光雷达的发展

激光雷达是激光技术与雷达技术相结合的产物，最早应用于航天领域，随着技术进步，陆续出现了激光多普勒雷达、激光测风雷达、激光成像雷达、激光差分吸收雷达、拉曼散射激光雷达、微脉冲激光雷达、激光合成孔径雷达、激光相控阵雷达等。如今,激光雷达已经广泛应用到诸多领域,如交通、测绘、安防、航天等。

激光雷达广泛应用于无人驾驶汽车源于2004年,当时美国国防高级研究计划局(DARPA)举办了名为"DARPA Grand Challenge"的无人驾驶汽车挑战赛,目标是让汽车在没有人为控制的情况下自动行驶240km,奖金高达200万美元。DARPA无人驾驶汽车挑战赛的主要难题是复杂的路况,这需要汽车实时对环境进行准确感知,各个队伍拿出了非常多的环境感知方案:双目甚至多目视觉、多个激光测距雷达等,但由于实时性差、成本高,前两届比赛中竟然无一辆汽车完成。

工程师David Hall提出,车身周围安装的众多传感器可用一个传感器代替,即使用一个旋转球,实现激光雷达旋转测距,这种雷达不仅能够得到周围360°的实时距离信息,同时还能够大大节约成本,这种雷达就是现在无人驾驶汽车上使用的多线激光雷达。无人驾驶汽车使用激光雷达的主要目的是进行障碍物检测与分割、高精度电子地图制图与定位。

目前国内外著名的激光雷达生产商,包括美国的Velodyne、Quanergy、TriLumina,加拿大的LeddarTech,以色列的Innoiz,德国的IBEO,我国的深圳速腾聚创、深圳镭神智能等。

激光雷达的最大优点是分辨率高,可以在较远的距离同时跟踪多个细小的目标。其缺点是激光受环境影响大,大雨、浓烟、浓雾会造成急剧衰减;另外由于价格昂贵,影响了其进一步应用。2016年,Velodyne公司64线激光雷达售价高达10万美元/台,用于低速无人驾驶汽车使用的16线激光雷达售价为0.8万美元/台,但是随着固态激光雷达技术的发展,其价格迅速降低。2020年国际消费类电子产品展览会上,深圳大疆公司推出Livox激光雷达,单价低至1000美元/台。

2. 激光雷达的分类

1)按激光波段分类

激光雷达按激光波段不同,可分为紫外线激光雷达、可见光激光雷达和红外线激光雷达。

2)按激光介质分类

激光雷达按激光介质不同,可分为气体激光雷达、固体激光雷达、半导体激光雷达和二极管泵浦固体激光雷达。

3)按激光发射波分类

激光雷达按激光发射波不同,可分为脉冲激光雷达、连续波激光雷达和混合型激光雷达。

4）按有无机械旋转部件分类

激光雷达按有无机械旋转部件分类，可分为机械旋转激光雷达和固态激光雷达（图3-2-5）。机械旋转激光雷达带有控制激光发射角度的旋转部件，而固态激光雷达则依靠电子部件来控制激光发射角度，不需要机械旋转部件。两种激光雷达各有优缺点，近几年混合型激光雷达成为发展热点。

a）机械旋转激光雷达　　　　　　　b）固态激光雷达

图 3-2-5　激光雷达

由于内部结构有所差别，两种激光雷达的体积也不相同：机械旋转激光雷达体积较大、价格较昂贵、测量精度相对较高，一般置于汽车外部；固态激光雷达尺寸较小、性价比较高、测量精度相对较低，但可隐藏于汽车车体内。

固态激光雷达通常是基于相控阵、Flash、MEMS（微机电系统）三种方式实现的。采用相控阵方式，是通过调节发射阵列中每个发射单元的相位差来改变激光出射角度的。采用 3D Flash 方式发射面阵光，是以二维或三维图像为重点输出的。采用 MEMS 方式是通过微振镜的方式改变单个发射器的发射角度进行扫描，由此形成一种面阵的扫描视野。但是固态激光雷达不能进行360°旋转，只能探测前方，因此要实现全方位扫描须在不同方向布置多个固态激光雷达，例如前向激光雷达和角激光雷达。

5）按线束数量分类

激光雷达按线束数量不同，可分为单线束激光雷达与多线束激光雷达。

单线束激光雷达扫描一次只产生一条扫描线，其所获得的数据为 2D 数据，因此无法区别有关目标物体的 3D 信息。单线束激光雷达具有测量速度快、数据处理量小等特点，因此多被应用于安全防护、地形测绘等领域。

多线束激光雷达扫描一次可产生多条扫描线，目前市场上多线束激光雷达产品包括4线束、8线束、16线束、32线束、64线束等,其可细分为2.5D激光雷达及3D激光雷达。2.5D激光雷达与3D激光雷达最大的区别在于激光雷达垂直视野的范围不同,前者垂直视野范围一般不超过10°,而后者可达到30°甚至40°以上,这导致两者对于激光雷达在汽车上的安装位置要求有所不同。

评价激光雷达的性能一般从测量距离、测量精度、测量速率、角度分辨率等方面考虑。无人驾驶汽车对激光雷达的探测距离是有要求的,它要求激光雷达能尽可能远、高准确率地检测车辆与障碍物。机械式激光雷达带有控制激光发射角度的旋转部件,体积大,测量精度高;固态激光雷达依靠电子部件控制激光发射角度,尺寸小,性价比高。

活动展示

教师审核视频,学生以小组为单位在自媒体上展示,获取点赞量。

活动评价

本活动的活动评价表见表3-2-3。

活动评价表　　　　　　表3-2-3

评分项 (占比)	是否达到目标 (30%)	活动表现 (40%)	职业素养 (30%)
评价标准 (占比)	1. 完全达到; 2. 基本达到; 3. 未能达到	1. 积极参与; 2. 主动性一般; 3. 未积极参与	1. 大幅提高; 2. 略有提高; 3. 没有提高
自我评价(20%)			
组内评价(20%)			
组间评价(30%)			
教师评价(30%)			
总分(100%)			
自我总结			

任务三　智能汽车关键控制技术

任务目标

（1）能熟练介绍智能网联汽车底盘线控技术。
（2）能熟练介绍智能网联汽车近距离通信技术。

任务内容

活动一：底盘线控技术演讲比赛
活动二：智能网联汽车近距离通信技术介绍

活动一：底盘线控技术演讲比赛

汽车线控技术（X-by-Wire）最早应用于飞机，被称为电传操纵技术（Fly-by-Wire）。其基本原理是将飞机的各类信号通过传感器转换为电信号，将电信号输入ECU，ECU输出控制指令控制各执行器（副翼、升降舵等）动作，从而控制飞机的航向和高度等。汽车线控技术由飞机的线控技术演化而来，同样由传感器、控制器和执行器等组成，由导线和电子元器件取代了传统的机械和液压传动装置，将驾驶人的动作指令传递到执行器，结构大为简化。线控技术中"by-wire"可以理解为电控方式，而这里的"X"就像数学方程中的未知数，代表着汽车中传统上有机械或液压控制的各个部件，如发动机、悬架、转向器、加速踏板、门锁等。汽车线控技术分类如图3-3-1所示。

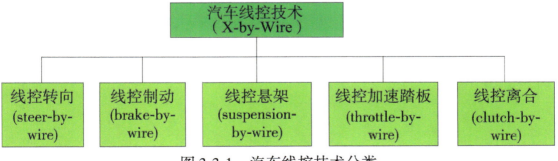

图3-3-1　汽车线控技术分类

采用汽车线控技术,可简化汽车的机械结构,降低汽车的整车整备质量,提高汽车燃油经济性;增加前发动机舱和底盘的布置空间,方便其他总成的布置和设计。汽车线控系统由电信号代替了液压传动和机械传动,几乎不存在延迟,改善了系统响应的及时性,提高了乘客乘坐的舒适性;汽车线控技术不存在机械失效的形式,与机械和液压传动相比,进一步提高了工作可靠性。

活动场景

近日一批校际交流学生想了解智能网联汽车是怎样实现控制的,他们在现场看到了智能网联汽车"小黑"。用自己的方式向学生们介绍一下"小黑"的线控技术,让他们对"小黑"的线控技术能产生深刻印象,最后将介绍的过程以视频的形式记录下来。

活动目标

(1)能使用普通话流利地向参观人员介绍智能网联汽车线控技术。
(2)能将介绍过程(视频、照片)合成为2min左右的视频。
(3)视频要求:
①"剧本"合理、完整;
②介绍时能使用普通话,大方、得体;
③视频完整、清晰。

活动计划

1. 分工

1名参观家长:_____   1名学生:_____
1名介绍人员:_____   1名摄像人员:_____
1名拍照人员:_____   1名导演:_____
1名编剧:_____   1名后期制作人员:_____

2. 设备准备

_____
_____

3. 剧本准备

_____
_____

活动资源

一、线控转向系统

线控转向系统取消了传统的机械式转向装置,转向器与转向柱间无机械连接。整个系统主要由转向盘转角传感器、转矩传感器、电控多片离合器、转向执行电机、转向控制模块等组成,如图 3-3-2 所示。

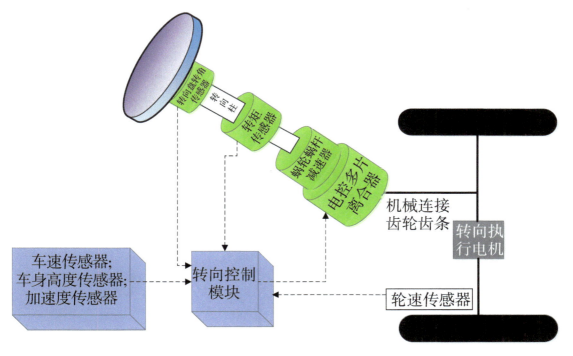

图 3-3-2　线控转向系统

汽车线控转向的优势在于:

(1)提高了整车设计自由度,便于操控系统布置。例如没有了机械连接,可以很容易把左舵驾驶换为右舵驾驶。

(2)转动效率高,响应时间短。控制单元接收各种数据,可以在瞬时转向条件下,立刻提供转向动力,转动车轮。

(3)改善驾驶特性,增强操纵性。基于车速、牵引力控制以及其他相关参数基础上的转向比率(转向盘转角和车轮转角的比值)不断变化,低速行驶时,转向比率低,可以减少转弯或停车时转向盘转动的角度;高速行驶时,转向比率大,能够获得更好的直线行驶条件。

二、线控制动

传统轮式车辆制动系统的气体或液体传输管路长,阀类元件多,对于长轴距或多轴车辆及远距离控制车辆,由于管路长、速度慢,易产生制动滞后现象,导致制动距离增加、安全性降低,且制动系统的成本也较高。线控制动用电线取代部分或全部制动管路,并可省去制动系统的很多阀。此外,通过在电子控制器中设计相应程序,操纵电控元件来控制制动力的大小及各轴制动力的分配,可完全实现使用传统阀类控制件所能达到的防抱死制动及牵引力控制等功能。

线控制动系统目前分为两种类型,一种为电液制动系统(Electro-Hydraulic Brake,EHB),另一种为电子机械制动系统(Electro-Mechanical Brake,EMB)。EHB是将电子与液压系统相结合所形成多用途、多形式的制动系统,由电子系统提供柔性控制,液压系统提供动力。而EMB则将传统制动系统中的液压油或空气等传力介质完全由电制动取代,是制动控制系统的发展方向。

如图3-3-3所示,线控制动系统主要由3部分组成:①接收单元,包括制动踏板、踏板行程传感器等。②制动控制器。ECU接收制动踏板发出的信号,控制制动器制动;接收驻车制动信号,控制驻车制动;接收车轮传感器信号,识别车轮是否抱死、打滑等;控制车轮制动力,实现防抱死和驱动防滑,并兼顾其他系统的控制。③执行单元,包括电制动器或液压制动器等。

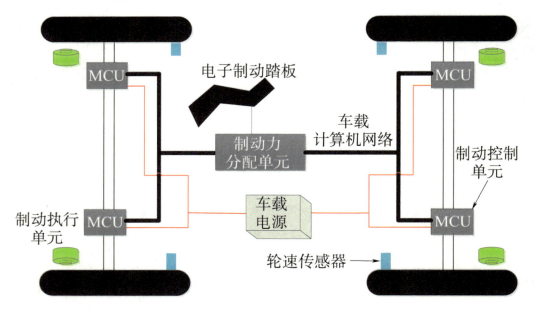

图3-3-3 线控制动系统的组成

线控制动的优点在于：①结构简单。②制动响应时间短，提高了制动性能。③系统制造、装配、测试简单快捷，采用模块化结构，维护简单。④易于改进，略加变化即可增设各种电控制功能。

三、线控悬架系统

汽车悬架系统对汽车行驶的安全性和舒适性有着非常重要的影响。理想的悬架系统在不同的行驶条件下应有不同的性能表现，例如，汽车直线行驶且车速稳定时，应具有良好的平顺性；在转向或制动时，汽车应具有较高的操纵稳定性。平顺性要求悬架"柔软"，稳定性要求悬架"坚硬"，但在传统式悬架设计中，这两种性能相互排斥，只能寻找一个最佳的折中方案来选择设计参数。悬架参数一旦确定，也就确定了悬架的性能，因而汽车行驶的平顺性和操纵稳定性不能随行驶条件和运行状况的变化而变化。

线控悬架系统主要由模式选择开关、传感器、悬架 ECU、可调阻尼减振器、高度控制阀、弹性元件等部件组成。线控悬架可以克服传统悬架的不足。线控悬架除了传统悬架的功能以外，还可以根据不同的路面条件、不同的载质量、不同的行车速度等行驶状况来调节减振器阻尼力的大小，控制弹性元件的刚度、车身高度和姿势。

线控悬架的优点在于：①由于刚度可调，可以改善汽车转弯时出现的侧倾以及制动和加速等引起车身点头和后坐等问题。②汽车荷载发生变化时，能自动维持车身高度不变。③碰到障碍物时，能瞬时提高车轮，越过障碍，使汽车的通过性得到提高。④可以抑制制动时的点头，充分利用车轮与地面的附着条件，加速制动过程，缩短制动距离。⑤使车轮与地面保持良好的接触，提高车轮与地面的附着力，增加汽车抵抗侧滑的能力。

四、线控加速踏板系统

线控加速踏板系统主要由加速踏板位置传感器、力反馈电动机、加速踏板、加速踏板作动器控制模块、加速踏板作动器、环境传感器组成。

传统的加速踏板控制方式是驾驶人通过踩加速踏板，由加速拉索直接控制开合程度，从而决定加速或减速。驾驶人的动作与加速踏板的开合是通过拉索的机械运动联系的。而线控加速踏板将这种机械联系改为电子联系，驾驶人仍然通过踩加速踏板控制拉索，但拉索并不是直接连接到加速踏板，而是连着一个加速踏板位置传感器，传感器将拉索的位置变化转化为电信号传送至加速踏板

ECU，ECU 将收集到的相关传感器信号经过处理后，发送命令至加速踏板作动器控制模块，加速踏板作动器控制模块再发送信号给加速踏板作动器，从而控制加速踏板的开合程度。线控加速踏板的优点在于控制精确，发动机能够根据汽车的各种行驶信息，精确调节进入汽缸的空气燃油混合比，改善发动机的燃烧状况，从而大大提高汽车的动力性和经济性。

活动展示

教师审核视频，学生以小组为单位在自媒体上展示，获取点赞量。

活动评价

本活动的活动评价表见表3-3-1。

活动评价表　　　　　　　　　表3-3-1

评分项 （占比）	是否达到目标 （30%）	活动表现 （40%）	职业素养 （30%）
评价标准 （占比）	1. 完全达到； 2. 基本达到； 3. 未能达到	1. 积极参与； 2. 主动性一般； 3. 未积极参与	1. 大幅提高； 2. 略有提高； 3. 没有提高
自我评价(20%)			
组内评价(20%)			
组间评价(30%)			
教师评价(30%)			
总分(100%)			
自我总结			

活动二：智能网联汽车近距离通信技术介绍

车用无线通信技术（Vehicle to X，V2X）是将车辆与一切事物相连接的新一代信息通信技术,从而对车、人、物、路、位置等进行有效的智能监控、调度、管理。V2X 获取道路信息更全面、更及时,且不易受天气、障碍物以及距离的影响,是自动驾驶关键基础设施。

活动场景

近日一批校际交流学生想了解智能网联汽车车联网是怎样通信的,他们在参观了我们的实训场地后来到报告厅。用演讲的方式向学生们介绍一下智能网联汽车近距离通信技术,让他们对智能网联汽车通信技术产生深刻印象,最后将介绍的过程以视频的形式记录下来。

活动目标

(1)能使用普通话流利地向参观人员介绍智能网联汽车近距离通信技术。

(2)能将介绍过程(视频、照片)合成为 2min 左右的视频。

(3)视频要求:

①"剧本"合理、完整;

②介绍时能使用普通话,大方、得体;

③视频完整、清晰。

活动计划

1. 分工

1 名参观人员:_____   1 名介绍人员:_____

1 名摄像人员:_____   1 名拍照人员:_____

1 名导演:_____   1 名编剧:_____

1 名后期制作人员:_____

2. 设备准备

_____

_____

3. 剧本准备

_____

_____

活动资源

一、专用短程通信技术

DSRC（Dedicated Short Range Communication，专用短程通信技术）是一种高效的无线通信技术，是可以实现在特定范围内对高速运动下的移动目标进行识别和双向通信的技术，主要用于 V2V（车辆与车辆互动）和 V2I（车辆与道路基础设施互动）通信。

二、LTE-V2X 技术

LTE-V2X（基于 LTE 蜂窝移动通信的 V2X）技术专用于实现车辆间和车辆与道路通信设施间的通信。

2015 年，3GPP 在 R14 版本中启动了基于 LTE 系统的 V2X 服务标准研究，即 LTE-V2X，国内多家通信企业（华为、大唐、中兴）参与了 LTE－C 标准制定和研发。

LTE-V2X 针对车辆应用定义了两种通信方式：集中式（LTE-V-Cell）和分布式（LTE-V-Direct），其中分布式通信方式如图 3-3-4 所示。

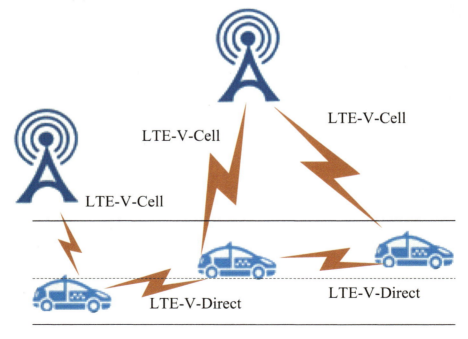

图 3-3-4　分布式通信方式

三、5G V2X 技术

1. 5G NR 技术

5G，即第五代移动通信技术。NR（新空口技术）涉及一种基于正交频分复用（OFDM）的新无线标准，随着 3GPP 采用这一标准，NR 这一术语被沿用下来，成为 5G 的另一个代称。

相较于 LTE，5G 将实现速率、连接数、时延等各方面指标的大幅提升，实现 3~5 倍的频谱效率、百倍效能。

2. 5G V2X 技术

5G V2X 技术主要应用于车辆编队、远程驾驶、高级驾驶等典型应用场景，如图 3-3-5 所示。

a）远程驾驶
利用5G大带宽、低时延，保证现场高清视频实时传送

b）自动编队
利用5G大带宽、低时延，保证实时传送多传感器获取的大量数据

c）协同自动驾驶
利用5G技术高吞吐量、高传输速率实现车、路、云协同，保障驾驶效率及安全

图 3-3-5　5G V2X 应用场景

活动展示

教师审核视频，学生以小组为单位在自媒体上展示，获取点赞量。

活动评价

本活动的活动评价表见表 3-3-2。

活动评价表　　　　　　　　表 3-3-2

评分项 （占比）	是否达到目标 （30%）	活动表现 （40%）	职业素养 （30%）
评价标准 （占比）	1. 完全达到； 2. 基本达到； 3. 未能达到	1. 积极参与； 2. 主动性一般； 3. 未积极参与	1. 大幅提高； 2. 略有提高； 3. 没有提高

续上表

评分项 （占比）	是否达到目标 （30%）	活动表现 （40%）	职业素养 （30%）
自我评价(20%)			
组内评价(20%)			
组间评价(30%)			
教师评价(30%)			
总分(100%)			
自我总结			

任务四　智能汽车驾驶辅助技术

任务目标

(1) 能简单地介绍智能网联汽车前向碰撞预警技术。
(2) 能简单地介绍智能网联汽车车道偏离预警技术。
(3) 能简单地介绍智能网联汽车盲区监测技术。
(4) 能简单地介绍智能网联汽车车道保持辅助技术。
(5) 能简单地介绍智能网联汽车自适应巡航控制技术。

活动：智能网联汽车驾驶辅助技术介绍

活动：智能网联汽车驾驶辅助技术介绍

近年,国内的各个汽车公司都在研究新型的智能辅助驾驶新技术,通过利用智能化的技术来降低驾驶人的工作强度,以此为驾驶人创造一个轻松的驾车氛围。智能化的系统也会提高行车的安全性,因此汽车制造企业可通过研制出辅助驾驶人的智能化系统,推动汽车行业转型升级发展。

活动场景

近日一批校际交流学生想了解智能网联汽车是怎样帮助我们进行辅助驾驶的,他们在现场看到了智能网联汽车"小黑"。用自己的方式向学生们介绍一下"小黑"的驾驶辅助技术,让他们对"小黑"的驾驶辅助技术产生深刻印象,最后将介绍的过程以视频的形式记录下来。

活动目标

(1)能使用普通话流利地向参观人员介绍智能网联汽车的驾驶辅助技术。
(2)能将介绍过程(视频、照片)合成为2min左右的视频。
(3)视频要求:
①"剧本"合理、完整;
②介绍时能使用普通话,大方、得体;
③视频完整、清晰。

活动计划

1. 分工

2名参观人员:＿＿＿＿＿＿＿　　1名介绍人员:＿＿＿＿＿＿＿
1名摄像人员:＿＿＿＿＿＿＿　　1名拍照人员:＿＿＿＿＿＿＿
1名导演:＿＿＿＿＿＿＿　　　　1名编剧:＿＿＿＿＿＿＿
1名后期制作人员:＿＿＿＿＿＿＿

2. 设备准备

_____

_____

3. 剧本准备

_____

活动资源

一、智能网联汽车前向碰撞预警技术

前向碰撞预警技术是指通过环境感知技术,对道路、车辆、行人、交通标志、

交通信号等进行检测和识别,并对识别信号进行分析处理,传输给执行机构,保障车辆安全行驶。

前向碰撞预警系统由信息采集单元、电子控制单元和人机交互三个单元组成,如图3-4-1所示。

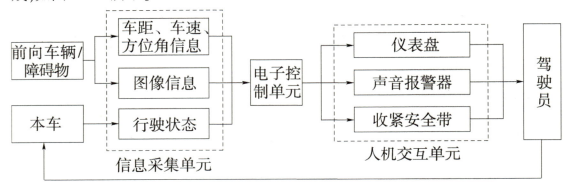

图3-4-1 前向碰撞预警系统的组成

前向碰撞预警系统通过分析传感器获取的前方道路信息,对前方车辆进行识别和跟踪,如果有车辆被识别出来,则对前方车距进行测量,同时利用车速估计,根据安全车距预警模型判断追尾可能。一旦存在追尾风险,便根据预警规则,及时给予驾驶人主动预警,如图3-4-2所示。

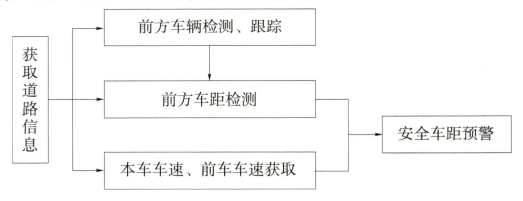

图3-4-2 前向碰撞预警系统工作原理

二、智能网联汽车车道偏离预警技术

车道偏离预警系统通过传感器获取前方道路信息,结合车辆自身的行驶状态以及预警时间等相关参数,判断汽车是否有偏离当前所处车道的趋势。如果车辆即将发生偏离,并且在驾驶人没有开启转向灯的情况下,则通过视觉、听觉或触觉的方式向驾驶人发出警报,如图3-4-3所示。

车道偏离预警系统由信息采集单元、电子控制单元和人机交互三个单元组成，如图3-4-4所示。

车道偏移预警系统可以在行车的全程自动或手动开启，以监控汽车行驶的轨迹。

当系统正常工作时，信息采集单元将采集车道线位置、车速、汽车转向角等信息，电子控制单元将所有的数据转换到统一的坐标系下进行分析处理，从而获得汽车在当前车道中的位置参数，并判定汽车是否发生非正常的车道偏离。车道偏离预警系统的工作原理如图3-4-5所示。

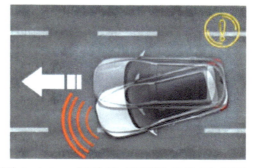

图3-4-3 车道偏离预警系统示意图

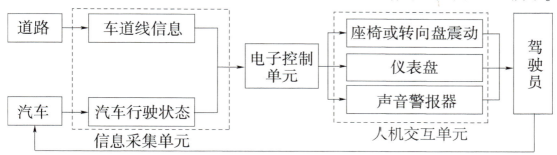

图3-4-4 车道偏离预警系统的组成

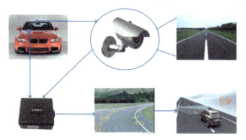

图3-4-5 车道偏离预警系统的工作原理

如果驾驶人打开转向灯，正常进行变道行驶，则车道偏离预警系统不会作出任何提示。

三、智能网联汽车盲区监测技术

汽车视野盲区主要有前盲区、A柱盲区、后盲区和后视镜盲区，其中最容易引发交通事故的是A柱盲区和后视镜盲区。

盲点监测系统（Blind Spot Monitoring System，BSM）也称汽车并线辅助系统，是通过摄像头、毫米波雷达等车载传感器监测视野盲区内有无来车，在左、右两个后视镜内或其他地方提醒驾驶人后方安全范围内有无来车，从而消除视线盲区，提高汽车行车安全性。

四、智能网联汽车车道保持辅助技术

车道保持辅助系统（Lane Keeping Assist System，LKA），如图3-4-6所示，是一

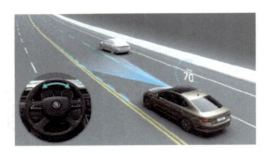

图 3-4-6　车道保持辅助系统示意图

种能够主动检测汽车行驶时的横向偏移,对转向和制动系统进行协调控制,实现主动对车道偏离现象进行纠正,使汽车保持在预定的车道上行驶,从而减轻驾驶人负担,减少交通事故发生的系统。

车道保持辅助系统主要由信息采集单元、电子控制单元和执行单元等组成,如图 3-4-7 所示。在系统工作期间,驾驶人将会接收车道偏离的报警信息,并选择对转向系统和制动系统中的一项或多项动作进行控制,也可交由系统完全控制。

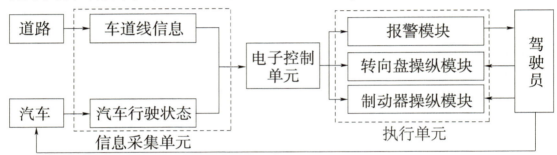

图 3-4-7　车道保持辅助系统的组成

五、智能网联汽车自适应巡航控制技术

自适应巡航控制(Adaptive Cruise Control,ACC)系统,如图 3-4-8 所示,在汽车行驶过程中,车距传感器持续扫描汽车前方道路,同时,轮速传感器采集车速信号,当前汽车与前方车辆之间的距离小于或大于安全距离时,ACC 控制单元通过与制动系统、发动机控制系统协调动作,改变制动力矩和发动机输出功率,对汽车行驶速度进行控制,使汽车始终保持安全车距行驶。

图 3-4-8　自适应巡航控制系统示意图

智能网联汽车自适应巡航控制系统主要由信息感知单元、电子控制单元、执行单元和人机交互界面组成,如图 3-4-9 所示。

活动展示

教师审核视频,学生以小组为单位在自媒体上展示,获取点赞量。

项目三　智能网联汽车技术应用专业技术概述

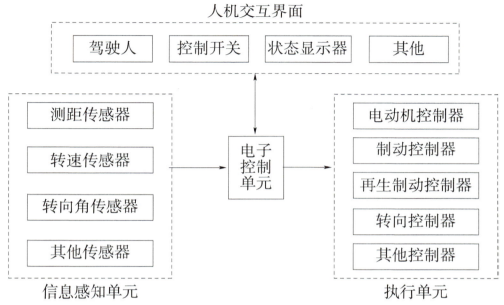

图 3-4-9　自适应巡航控制系统的组成

活动评价

本活动的活动评价表见表 3-4-1。

活动评价表　　　　　　　　表 3-4-1

评分项（占比）	是否达到目标（30%）	活动表现（40%）	职业素养（30%）
评价标准（占比）	1. 完全达到； 2. 基本达到； 3. 未能达到	1. 积极参与； 2. 主动性一般； 3. 未积极参与	1. 大幅提高； 2. 略有提高； 3. 没有提高
自我评价(20%)			
组内评价(20%)			
组间评价(30%)			
教师评价(30%)			
总分(100%)			
自我总结			

任务五　智能汽车测试与评价技术

能熟练使用仿真软件对智能汽车进行仿真测试。

活动：智能汽车测试仿真大赛

活动：智能汽车测试仿真大赛

智能网联汽车是指搭载先进的车载传感器、控制器、执行器等装置，并融合现代通信与网络技术，具备复杂环境感知、智能决策、协同控制和执行等功能，使车辆与外部节点间实现信息共享与控制协同，进而实现"零伤亡、零拥堵"，可实现安全、舒适、高效、节能行驶，并最终可替代人来操作的新一代汽车。近年来，我国的智能网联汽车获得了空前的发展，国家在政策上给予了大力的支持，但也应看到目前智能网联汽车的发展还不成熟，特别是还没达到大量用户使用的阶段。为了尽快将智能网联汽车推向市场，完善的测试评价体系是产品开发的必要支撑，需要对此进行充分研究，为产品开发过程中的测试和评价活动提供参考依据。

活动场景

近日一批校际交流学生想了解智能网联汽车是怎样实现仿真测试的，在现场看到了智能网联汽车"小黑"。请你在现场向学生们演示一下"小黑"在不同环境下"小黑"的仿真测试，让他们对"小黑"的仿真测试产生深刻印象，最后将介绍的过程以视频的形式记录下来。

活动目标

（1）能使用普通话流利地向参观人员介绍实训场地。
（2）能将介绍过程（视频、照片）合成为2min左右的视频。
（3）视频要求：

项目三　智能网联汽车技术应用专业技术概述

①"剧本"合理、完整；
②介绍时能使用普通话，大方、得体；
③视频完整、清晰。

活动计划

1. 分工

1名参观人员：_____　　　1名演示人员：_____
1名摄像人员：_____　　　1名拍照人员：_____
1名导演：_____　　　　　1名编剧：_____
1名后期制作人员：_____

2. 设备准备

_____
_____

3. 剧本准备

_____
_____

活动资源

一、智能网联汽车测试和评价的目标

与传统汽车相比，智能网联汽车有其自身的特点，需要根据智能网联汽车的特点有针对性地开展测试和评价，以不降低汽车行驶的安全性为前提，全面评价智能网联汽车的各项性能，确定智能网联汽车测试和评价的目标。

1. 智能网联汽车的技术特点

传统汽车是人、车、环境相互分离的系统，通过人对环境的感知和判断，利用车辆的转向盘、制动踏板、加速踏板等机构实现对车辆的运动控制，从而实现车辆的驾驶过程。与传统汽车不同，智能网联汽车是由人、车、环境组成的闭环系统，人在其中的作用逐渐降低，车辆逐步具有人所具备的功能，从辅助驾驶、部分自动驾驶逐步进化，最终实现无人驾驶。

根据智能网联汽车的无人化发展思路，其驾驶流程可以分为感知、认知、决策、控制、执行五部分。其中，传感器发挥着类似于人体感官的感知作用，认知阶

段则是依据感知信息完成处理融合的过程,形成全局整体的理解,据此自动驾驶系统通过算法得出决策结果,传递给控制系统生成执行指令,完成驾驶动作。在整个过程中,汽车会通过云端获得相关数据,如高精地图等,同时通过云端实现系统软件、决策算法的更新以及后台的监控等,如图3-5-1所示。

根据人、车、环境这个驾驶系统中人和车的作用,可以将智能网联汽车分成不同的发展阶段。按照SAEJ3016的划分标准,可以分成5个等级,从L0级(无自动驾驶)到L5级(完全自动驾驶)。在低等级(L0~L2级),驾驶人是主要的执行者,负责驾驶过程中的环境感知、决策和执行;在高等级(L3~L5级),系统将起到监控环境的作用,并逐步增强决策和执行的功能。

2. 智能网联汽车测试评价的需求

根据智能网联汽车的发展阶段,针对L0~L2级的车辆,其车辆的智能化程度较低,车辆配置主要为高级辅助驾驶系统(ADAS),其实现的功能相对单一,如车道变更辅助、自动紧急制动、自动泊车、车道保持辅助等,目前这一阶段的技术发展较为成熟,已经有不少量产车辆配备相应的功能;对于L3~L5级的车辆,目前还未有量产的车辆面世,各大整车厂和科技公司有少量的测试样车在进行开发、测试工作。其实现的功能相对复杂,多为复杂驾驶场景下的车辆自动驾驶,与L0~L2级别单一驾驶功能有较大差别。

对于智能网联汽车的不同发展阶段,其所实现的功能从单一到复杂,车辆纵向和横向的自主控制由部分逐步发展到全部,所有这些执行过程都是在实际的交通驾驶环境中完成的,所以测试和评价首要考虑的是汽车作为一个交通工具是否能发挥其交通运输的基本功能,这其中安全性是首要考虑的因素。目前智能网联汽车之所以还没有投入量产,也主要是因为其在实际道路行驶过程中的安全性无法满足,而且对于智能网联汽车最终实现的自动驾驶功能,由于人们在安全性上的使用预期会高于传统汽车,用户希望自动驾驶的车辆能够有效避免实际驾驶环境中人为造成的各种的交通事故,所以智能网联汽车道路测试和评价的首要需求就是确保车辆在实际道路行驶过程的绝对安全。根据前述分析,要测试和评价车辆的安全性,就是要验证车辆的各种功能(包括ADAS和自动驾驶)是否能在实际驾驶场景中发挥其预期设定的要求。

3. 智能网联汽车测试评价的挑战和目标

智能网联汽车是一种极其复杂的系统,所处的实际驾驶环境要素繁多、复杂多变,其测试和评价体系开发还面临着许多不确定性,总结起来有如下挑战。

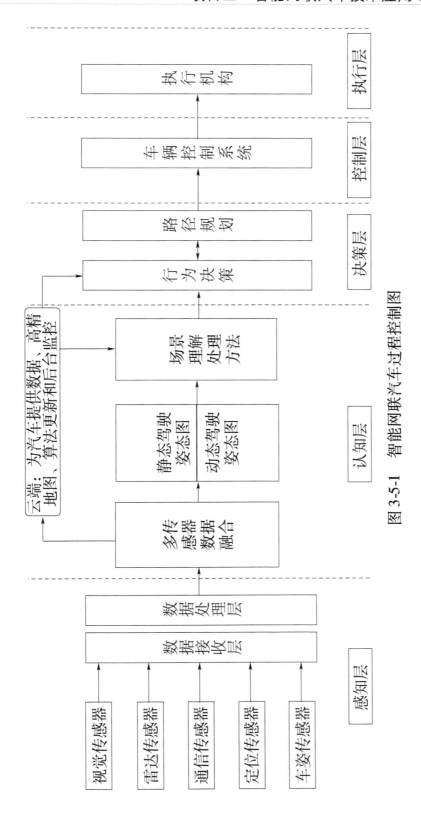

图 3-5-1 智能网联汽车过程控制图

（1）多种新型传感器的组成，包括视频传感器、雷达传感器、激光雷达传感器、超声波传感器、V2V通信、V2I通信、GPS传感器、高精地图等，不少传感器还带有数据分析处理智能子系统，测试和评价时必须充分考虑到这些特点，并有效开展有针对性的测试和评价。

（2）考虑到这些新型传感器本身还存在一些弱点，传感器数据融合对于构建车辆外部的整体环境非常必要。对于测试来说，需要考虑所有传感器的数据同步性，数据的不同步会造成数据融合算法的错误。

（3）智能网联汽车所处的驾驶环境复杂，除了道路设施外，交通参与要素如车辆、行人也是需要重点考虑的内容。其中，有人驾驶的车辆还面临很多的不确定性，他们会根据智能驾驶车辆作出自己的判断改变对于行车的控制，如经过十字路口时，有的驾驶人可能会快速地制动而有的可能会缓慢制动，所以对于驾驶人不同的驾驶行为也需要在测试和评价时给予充分考虑。

（4）天气等因素会严重影响智能网联车辆的传感器性能，如雨、雪、雾、光照、温度突变等，车辆的测试需要在不同的天气环境下进行。

综上所述，我们所面临的这些不确定性是在进行测试评价体系建设时必须充分考虑的因素，最终所要实现的目标就是充分和有效地验证车辆在纷繁复杂的驾驶场景下具备的功能是否满足客户的预期用途的要求。充分性是指测试和评价体系能够充分体现用户的使用要求，能够充分反映实际驾驶环境的各种场景、工况；有效性是指所测试的评价的方法确实有效，一是能够满足智能网联车辆开发周期的需求，二是所使用的方法能够有效地验证智能驾驶功能的好坏，能够有效评价车辆系统的一致性和可靠性。

二、智能网联汽车测试评价的方法分析

为了满足智能网联汽车测试和评价充分性和有效性的要求，必须要有合适的验证方法。智能网联汽车验证最有效的方法就是道路测试，即让汽车在实际驾驶的复杂场景、工况下进行实车测试。德国达姆施塔特工业大学的Winner教授提出，要充分验证智能网联汽车的有效性，至少需要1亿km的实际道路行驶里程才能保证自动驾驶汽车具备人驾驶车辆的安全性。考虑整车厂一种平台的车型会有多种型号，且这些车辆的配置、软件版本相当复杂，全部以实际道路测试来验证，显然不符合产品开发周期的要求。

为了在规定的时间内完成智能网联汽车的测试和评价，需要对驾驶场景组成的三大要素——人、车、环境进行研究，考虑是否可对其中的部分或全部要素

进行模拟或虚拟,以便进行模拟测试和仿真测试,从而大大缩短测试和评价的周期。图3-5-2所示为智能网联汽车测试和评价的方法。该方法由仿真、驾驶模拟、受控场地测试、实证试验构成测试评价体系,这四种方法中,其组成的场景三大要素——人、车、环境的真实度逐渐提升,在仿真测试方法中,人、车和环境均为虚拟模型,在驾驶模拟方法中车和环境是虚拟的。受控试验是指在受控的场地通过模拟的驾驶场景进行的测试活动,实证试验是指在公共道路实际驾驶场景下进行的测试活动,在受控试验中人、车是真实的,环境则是通过实物模拟重建的形式实现,实证试验中所有要素都是真实的。根据这四种方法的特点,将其分别应用于系统和整车的测试评价。其中,仿真和驾驶模拟多用于零部件和系统的测试,根据需要可将所需测试的零部件或系统(如视觉感知系统,车辆控制系统等)放入测试环境中,灵活性较大;受控场地测试和实证试验多用于整车测试,可用于车辆标定及性能验收的需要。这四种方法的组合使用可极大缩短验证周期,提高测试评价的有效性,在产品开发过程中需要结合产品开发流程有针对性地使用。

图3-5-2 智能网联汽车测试和评价方法

场景库在这个体系中起到非常关键的作用,它是智能网联汽车测试和评价的基础和出发点。为了确保其充分性,场景库应至少等同于需要证明自动驾驶比人为驾驶更为安全所需的驾驶里程中所可能遇到的所有场景。场景库的数据经过分析,应用于不同阶段的测试,同时测试过程中特别是实证试验过程中采集或新产生的场景,经过提炼分析又会转变成新的场景数据。通过这种不断优化闭环系统,场景库逐步丰富,进而用于仿真的场景会依次增多,而用于实证试验的场景需求会依次减少,这样测试和评价的周期便会大大缩短,从而提升测试和评价的有效性。

三、智能网联汽车测试评价体系

将智能网联汽车测试评价方法与汽车整车的产品开发过程进一步融合,按照产品开发过程 V 模型,在产品开发的不同阶段使用合适的测评方法,我们可以得出指导产品开发设计的测试评价体系。这个体系包括场景数据的获取和使用,测试平台的搭建包括仿真(模型在环 MIL、软件在环 SIL、硬件在环 HIL)、受控测试、实证试验等。在这个测试评价体系中要充分考虑场景的重要性,确保各阶段测试所涵盖的场景有一定的代表性,能够反映实际驾驶环境的真实情况,要建立场景生成、使用、优化的闭环控制系统,以此不断推进场景的丰富程度。图 3-5-3 为智能网联汽车测试评价体系简图。

四、智能网联汽车智能化功能验证

1. 硬件连通

1)实车与仿真软件连通

实车与仿真平台连通,如图 3-5-4 所示。

使用 CAN 卡时应注意:左侧为 CAN1-AGX 仿真线;右侧为 CAN2-毫米波雷达仿真线。棕色线接 H,蓝色线接 L。CAN 卡左侧 CAN1 电阻的 1 和 2 均为向上状态;CAN 卡右侧 CAN2 电阻的 1 为向上、2 为向下状态。AGX 仿真线和毫米波雷达仿真线均通过 1 拖 2 线与 1 拖 5 线相连。

注意:若 CAN 卡的连接线出现重新拔插的情况,则要在实车和仿真测试电脑中的仿真程序重新启动后,再进行测试。CAN 卡连线及开关设置图如图 3-5-5 所示。

2)开启自动驾驶模式

打开智能网联汽车屏幕上的仿真软件,即可开启自动驾驶模式。如果出现连续"咔哒"的响声,可以把控制器电源关掉,不影响仿真测试。

2. ADAS 功能验证

(1)创建任务工单。输入任务工单名称并命名,如图 3-5-6 所示。

(2)功能验证测试。

①点击"开始测试"跳转至功能验证测试页面,可以查看当前参数下的场景功能验证效果。每次测试后提示"是否保存此次记录",如是,则保存当前测试结果。

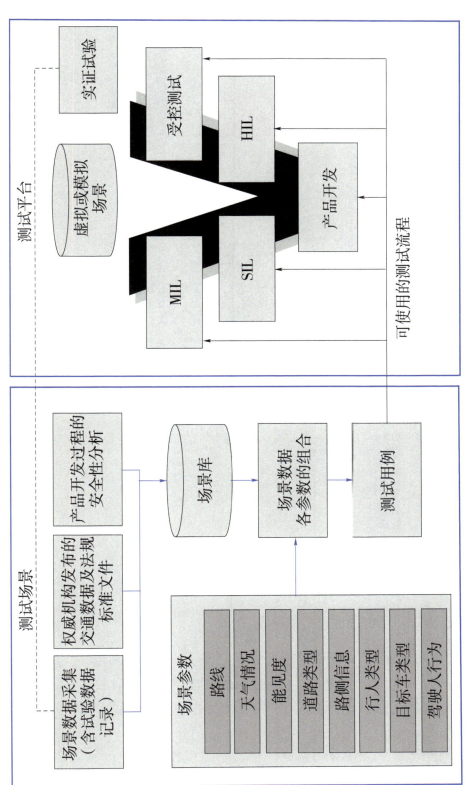

图 3-5-3 智能网联汽车测试评价体系简图

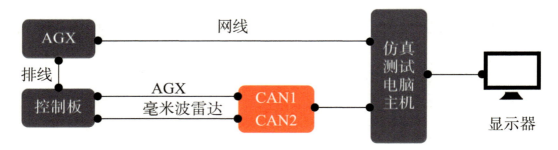

图 3-5-4　实车与仿真平台连通

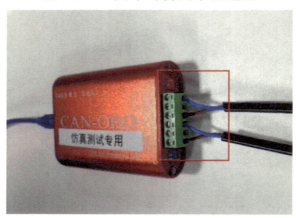

图 3-5-5　CAN 卡连线及开关设置图

图 3-5-6　创建任务

注意：自适应巡航、自动紧急制动、主动避障、自动泊车辅助、车道保持辅助系统的测试次数限定为 3 次；盲点监测系统的测试次数限定为 1 次。

②当测试次数用完后，"开始测试"则变为"完成测试"，则不可再更改此场景的参数设置信息。

③未达到测试次数的场景可以继续修改参数设置信息。

④注意：测试场景运行过程中，选手不允许按"Esc"中途退出。

活动展示

教师审核视频,学生以小组为单位在自媒体上展示,获取点赞量。

活动评价

本活动的活动评价表见表3-5-1。

活动评价表　　　　　　　表3-5-1

评分项 （占比）	是否达到目标 （30%）	活动表现 （40%）	职业素养 （30%）
评价标准 （占比）	1.完全达到； 2.基本达到； 3.未能达到	1.积极参与； 2.主动性一般； 3.未积极参与	1.大幅提高； 2.略有提高； 3.没有提高
自我评价(20%)			
组内评价(20%)			
组间评价(30%)			
教师评价(30%)			
总分(100%)			
自我总结			

项目四　智能网联汽车技术应用专业学习成长规划

任务一　学习榜样

能结合榜样同学的事迹，合理规划自己的学习生涯。

活动：探究技能大赛获奖同学们的获奖"奥秘"

活动：探究技能大赛获奖同学们的获奖"奥秘"

活动场景

我们身边的不少同学，在进入我们学校之前是被挡在普通高中大门外的落榜生，但是到了我们学校后，他们积极进取、认真学习，不断钻研自己的专业知识，有的更是练就了一手超群的技能，学校也不断为他们提供了展示自己才能的舞台。他们跟随指导老师，积极参与全国技能大赛、山东省技能兴鲁职业技能大赛，并在比赛中屡获佳绩。

活动目标

（1）阅读技能比赛获奖师生的事迹，结合自身情况说一下自己的职校生涯应该怎么度过。

（2）活动要求：

①分组,每组选出学生说一说自己的读后感;
②为自己的职业生涯做一做规划,对着镜头说一说;
③分组展示,综合评价每组的可取之处。

活动计划

1. 小组分工

1 名介绍人员:_____　　　1 名摄像人员:_____
1 名拍照人员:_____　　　2 名材料收集汇总人员:_____
1 名导演:_____　　　　　1 名后期制作人员:_____
每人完成后可进行角色互换。

2. 设备准备

_____
_____

3. 剧本准备

_____
_____

活动资源

2020 年 9 月 20 日,在第二届全国新能源汽车关键技术技能大赛山东省选拔赛中,山东交通技师学院汽车学院选派师生参加了机动车检测工(新能源汽车传感与网联技术)的比赛项目。此次比赛中,我院师生获得了新能源汽车传感与网联技术项目职工组第 2 名、学生组第 4 名,并成功入围全国总决赛(图 4-1-1)。

图 4-1-1　参加新能源汽车传感与网联技术比赛项目的师生

2020年12月4日，在山东省"技能兴鲁"职业技能大赛汽车智能应用技术职业技能竞赛的赛事中，我院教师郁延建、张超获得职工组第1名，王俞钦、管群获得学生组第1名的好成绩（图4-1-2）。

图4-1-2　王俞钦、管群参加"技能兴鲁"职业技能大赛汽车智能应用技术职业技能竞赛

新能源汽车传感与网联技术的技能比赛主要由三个比赛模块组成：一是智能网联汽车设备安装及调试排故；二是智能网联汽车智能化功能验证及排故，三是智能网联汽车联网综合道路测试。

日常的技能训练主要依托智能网联汽车实操平台，即智能网联汽车室外综合实训车。如图4-1-3所示，该实训车由组成部件模块和算法功能模块构成。其中，组成部件包括底盘和上装两大部分，底盘部分包含可实现基本移动功能并能够对外供电的车辆底盘，与底盘配套使用的操控遥控器、总急停遥控器，以及车体急停按钮等部件；上装部分包括实现自主驾驶功能所需的激光雷达、毫米波雷达、环视摄像头、组合导航定位模块、4G路由器及交换机、控制器、报警灯等部件。

集成车内部的数据链路拓扑结构分为三层。最底层以车辆底盘（图4-1-4）为核心：操控遥控器（天地飞7航模遥控器）通过2.4G频段DSSS编码发送两个通道的连续控制量，控制车辆前轮转向和后轮前后推进，一个通道开关量控制手动驾驶与自动驾驶切换，一个通道开关量控制实施急停及解除急停。另有总急停遥控器（橘色，控制范围100m）和安装于车架（上装）侧面的急停按钮，在任何情况下，均可使车辆直接断电抱闸，该闸为车辆的最高级别急停（注意：此级别的急停一旦实施，即便解除后前轮转向舵机也无法工作，车辆无法转弯，车底盘完全断电重启后即可恢复正常）。

中间层以控制器为核心，控制器主要完成高层协议与车底盘控制协议之间

项目四　智能网联汽车技术应用专业学习成长规划

的相互转换,以及控制报警灯在出现故障时发出提示。最高层以 AGX 平台为核心,经由交换机同激光雷达和4G 路由器组成局域网络,接收激光雷达的数据,并由4G 路由器提供互联网连接能力,同时 AGX 也可以接受连接到路由器热点的其他终端的远程桌面控制请求;毫米波雷达通过 AGX 原生 CAN1 通道反馈数据;分布于车顶四周的四台环视摄像头,通过 USBType-C 扩展坞连接到 AGX;组合导航定位模块通过普通 USB 接口连接到 AGX。在当前架构下,车辆可实现人工遥控驾驶,以及依靠组合导航定位模块结合激光雷达和毫米波雷达实现自动循迹驾驶,在途中实现对障碍物的感知并停车以及自主绕行等功能。

图 4-1-3　智能网联汽车室外综合实训车外观

智能网联汽车室外综合实训车内部数据链路中间层组成部分如图 4-1-5 所示。在新能源汽车传感与网联技术的技能比赛中,选手需掌握智能网联汽车安装调试安全规范、诊断设备与检测仪器的使用规范和维护方法、安全防护用具的使用规范、维修资料使用方法等。同时,要了解雷达探测技术、机器视觉技术、车辆姿态感知技术、信息融合技术等基本原理。只有具备扎实的专业知识与熟练的装配、检测技能,才有可能登上比赛的舞台。我们参赛的师生,都是通过日复一日的认真学习、刻苦训练,才具备了这些条件(图 4-1-6)。

111

图 4-1-4　智能网联汽车室外综合实训车的底盘部分

图 4-1-5　智能网联汽车室外综合实训车内部数据链路中间层组成部

图 4-1-6　参加技能比赛选手的日常训练

项目四 智能网联汽车技术应用专业学习成长规划

活动展示

教师审核视频,学生以小组为单位在自媒体上展示,获取点赞量。

活动评价

本活动的活动评价表见表4-1-1。

活动评价表　　　　　　　　　表4-1-1

评分项 （占比）	是否达到目标 （30%）	活动表现 （40%）	职业素养 （30%）
评价标准 （占比）	1. 完全达到； 2. 基本达到； 3. 未能达到	1. 积极参与； 2. 主动性一般； 3. 未积极参与	1. 大幅提高； 2. 略有提高； 3. 没有提高
自我评价(20%)			
组内评价(20%)			
组间评价(30%)			
教师评价(30%)			
总分(100%)			
自我总结			

任务二　认识学习成长规划

任务目标

(1)能够在网络、书刊上查找学习成长规划范文。

(2)能够根据范文,说出学习成长规划所包含的主要内容。

活动:"七嘴八舌"一起说

活动:"七嘴八舌"一起说

学习成长规划是我们对未来的学校学习生涯的一个整体规划。我们可以借鉴学哥学姐们的经验,更好地了解和认识学习成长规划。

在本次活动中,我会将我认为最好的学习成长规划分享给我的小伙伴们,并认真聆听他们的分享,我们将一起认识学哥学姐们优秀的学习成长规划。

活动场景

本学期就要接近尾声了,相信各位小伙伴们都对自己的未来充满想象,对成为高年级的学哥学姐那样优秀而自信的校园风云人物充满了期待。那么,就请各个小组的小伙伴们各显神通,收集你喜欢的学哥学姐的学习成长规划并分享给大家吧。

活动目标

(1)熟练使用现有工具检索信息(网络信息、图书馆馆藏信息等)。
(2)快速准确地提取文章关键词。
(3)将检索到的信息介绍给小伙伴。

活动计划

1. 分工

3 名信息收集人员:_____   2 名信息记录人员:_____

2 名信息处理人员:_____   1 名信息分享人员:_____

2. 设备准备

_____

_____

3. 信息记录

_____

_____

4. 信息处理

> 活动资源

一、硬件资源

硬件资源主要从学校图书馆(图4-2-1)中获取。

二、网络资源

网络资源主要从计算机教室(图4-2-2)中获取。

图 4-2-1 学校图书馆

图 4-2-2 计算机教室

三、优秀范文

大学生个人学习成长规划范文

人们都说:"大学是半个社会",就是这种大学与高中的落差,对刚刚走出象牙塔的我们而言无疑是一道极难跨越的鸿沟。在最初的新奇与喜悦暗淡之后,迎面而来的便是无尽的困惑与迷惘。而此时,对自己做一个认真而深入的剖析,为自己量身打造一份学习成长计划便是尤为重要的。

大学生学习成长计划,换一个角度来理解,就是对我们心中的那片理想天地做一个具体执行的描绘。我们给自己的学习生活做一个较系统而细致的安排,对自己的职业生涯进行规划,为自己的梦插上翅膀。美好的愿望是根植在坚实的土地上的。从现在开始,坚实脚下的土地,力争主动,规划我们的未来,为人生的绚烂多姿添彩。

1. 认知自我

古希腊德尔菲神庙里"认识你自己!"的箴言不仅仅是要唤醒人们的人文关怀,同时也指出了认识自我的意义和困难。规划未来,必须了解自我。

(1)自我评价。

我个人觉得我是一个性格开朗有责任感的人。我有极强的创造欲,乐于创造新颖、与众不同的结果,渴望表现自己,实现自身的价值。追求完美,具有一定的艺术才能和个性,乐观自信,好交际,能言善辩,谦逊,善解人意,乐于助人,细致,做事有耐心。

(2)我的优势。

我小时候生活较艰辛,以致我对生活有更深入的认识,我并不认为生活中人们遇到挫折,是命运的不公,相反,它对人有一种督促作用,让人越挫越勇。人生经历一些挫折,是对人的一种磨砺,挫折能让人变得更坚强,对生活中的事情变得更有勇气。父母从小对我严厉的教育,使我时刻保持严于律己的生活态度。

(3)我的劣势。

过于追求完美导致我做事过于理想化,脱离实际,家庭经济基础薄弱,人脉较少。

2. 社会分析

改革开放以来,我国经济飞速发展,根据最近政策,环渤海地区可望异军突起。黄骅港的建设,以其强大的吞吐吸纳作用,将带动整个环渤海地区的经济滚动前进。

我所学习的专业正是港口水利工程,鉴于黄骅港的发展前景及人员需求,就业前景相当可观。

3. 学习生活计划

大学一年级:端正学习态度,严格要求自己,了解大学年活,了解专业知识,了解专业前景,了解大学期间应该掌握的技能以及以后就业所需要的证书。认真学习基础课程尤其是英语和高等数学。作为一名工科生,高等数学是一切学习的基础。同时,我要为考研做准备,下半学期通过大学英语四级考试和大学计算机一级考试。积极参与外联部工作,培养工作能力。

大学二年级:通过大学英语六级考试;通过计算机二级考试;熟悉掌握专业课知识,竞选外联部负责人,并在节假日时期进行初步的实习。

大学三年级：提高求职技能，搜集公司信息。主要的内容有：撰写专业学术文章，提出自己的见解；参加和专业有关的暑期工作，和同学交流求职工作心得体会；学习写简历、求职信；同时细致复习大学课程，为考研做准备。

大学四年级：目标应锁定在工作申请及成功就业上。积极参加招聘活动，在实践中检验自己的积累和准备。积极利用学校提供的条件，强化求职技巧，进行模拟面试等训练，尽可能地做好充分准备。与此同时，做好第二条准备——考研。

4. 求职计划

随着经济社会的高速发展，人们的生活日益安逸，但随着工作压力的增加和生活压力的增大，以及生活方式的不合理化，人们的日常生活秩序被打乱，也就凸显出越来越多心理方面的问题，这就更加要求我们更加努力地去学习心理学知识。

(1)学位证书、资格证书，是我们求职或是创业的敲门砖，是一个公司以及一个资助者支持你和招聘人才的首要条件，因此，我们要在大学生期间，拿到相关的证书。

(2)公司招聘人才看的不仅是文凭和证书，更多的是注重的个人的能力与素质，所以，我们在大学期间学习的同时，还要注重个人素质的提高和能力的培养。

(3)对于刚毕业的大学生来说，缺乏经验是一个很突出的问题。要想在众多应聘者中脱颖而出，就要在某些方面具备突出的优势，这对于自主创业也是很有帮助的。我们在大学生活中还要积累多方面的经验，一方面可以通过兼职来实现，另外可以通过积极参加校内的各类活动来不断总结经验。

(4)要在毕业之前把简历制作好，留下更多的时间来找工作。

(5)要时刻关注招聘信息，积极参加招聘活动，在公司选择我们的同时也选择一个适合自己的公司。

(6)要时刻注意最新的发展动态，关注时事，了解社会信息，掌握自主创业的优势条件和劣势，更好地把握成功的条件。

5. 总结

任何目标，只说不做到头来都会是一场空。然而，现实是未知多变的，定出的目标计划随时都可能遭遇问题，此时要求有清醒的头脑。一个人若要获得成功，必须拿出勇气，付出努力、拼搏、奋斗。成功，不相信眼泪；未来，要靠自己去打拼！实现目标的历程需要付出艰辛的汗水和不懈的追求，不要因为挫折而畏缩不前,不要因为失败而一蹶不振;要有屡败屡战的精神,要有越挫越勇的气魄;成功最终会属于你的,每天要对自己说:"我一定能成功,我一定按照目标的规划行动,坚持直到胜利的那一天。"既然选择了、认准了是正确的,就要一直走下去。现在我要做的是,迈出艰难的一步,朝着这个规划的目标前进,要以满腔的热情去守候这份梦,放飞梦想,实现希望。

活动评价

本活动的活动评价表见表 4-2-1。

活动评价表　　　　　　　表 4-2-1

评分项 (占比)	是否达到目标 (30%)	活动表现 (40%)	职业素养 (30%)
评价标准 (占比)	1. 完全达到; 2. 基本达到; 3. 未能达到	1. 积极参与; 2. 主动性一般; 3. 未积极参与	1. 大幅提高; 2. 略有提高; 3. 没有提高
自我评价(20%)			
组内评价(20%)			
组间评价(30%)			
教师评价(30%)			
总分(100%)			

任务三　知道学习成长规划过程

任务目标

(1)能够在同组成员的帮助下总结自己的优缺点。
(2)能够理顺在校期间的学习流程,并以图文的方式展示。
(3)对自己感兴趣的职业或未来可能从事的行业有初步的了解,并向小伙伴们介绍。

项目四　智能网联汽车技术应用专业学习成长规划

活动一：对号入座
活动二：挑战飞行棋

活动一：对号入座

自我认知是指对自己的洞察和理解，包括自我观察和自我评价。自我观察是指对自己的感知、思维和意向等方面的觉察；自我评价是指对自己的想法、期望、行为及人格特征的判断与评估。

在自我认知的过程中，我们可能会遇到各种问题，导致不能全面、客观地认识自己，所以我们就需要在小伙伴们的帮助下完成自我认知。

活动开展

小组成员根据自己平时对其他成员的观察了解，以不记名的方式分别将组内每一名成员优点和缺点写在下面方框中，并在背面写下你所描述的同学的姓名。全部写完后正面向上贴到展板上。小组成员阅读展板上的内容，并找出与自己优缺点相关描述的贴纸，在贴纸下面写上自己的名字。

所有同学都完成后由组长宣布答案，各组员记录别人对自己的评价与自我认识的区别。

活动目标

（1）客观准确地评价他人。
（2）客观地认识自己。
（3）找出自我认识与他人评价之间的区别。

活动计划

1. 分工
活动组织者：___组长___
监督员：___教师___
活动参与者：___全体组员___

2. 材料准备

| 优点： | 缺点： |

| 优点： | 缺点： |

| 优点： | 缺点： |

3. 活动总结

活动资源

现在问你一个问题：你对自己的评价是什么？你对周边同学的评价是什么？

怎样客观认识自己，怎样客观、准确地评价他人，这个问题是我们每个人都无法回避的。但不可否认的是，自我认识和别人的评价很多时候都带有偏差。比如个人在遇到挫折时往往会陷入自我怀疑，在被别人夸奖的时候会增长信心。如果能够综合两者进行分析，则会让自己的认识变得更加客观。

我们大部分人都是通过别人的评价来发现自己的优势和不足，都想不断调整自己的行为来让周围的人更喜欢自己。这样可以获得尊重和良好的人际关系，甚至是影响力。但是我们需要根据自我的评价来把握对外展现的程度，有一些行为或者表现是不是自己喜欢的、擅长的，会不会引起自己的不适？内外结合，慢慢找到一种最适合自己的和这个世界相处的方式。有些人可能觉得自己性格活泼开朗，大家都喜欢与我相处；也有些人可能就觉得自己性格内敛，不容易与别人很好地相处，大家也不太喜欢跟自己玩。对于这两种不同评价的人，如果我们去观察他们的生活状况，你会发现他们的人际关系好像与他们所说的评价一致。这是否就代表了他们对自己的认识是客观的呢？他们的自我评价是准确的呢？也许并不是。

人们在接收来自他人的评价时，很可能会存在自我解读的偏差，导致对自我的评价产生错误。为什么我们会错误解读别人的评价呢？在这里需要提到一个名词：选择性注意。

一般情况下，你会先对自己或者他人有个基本的看法。选择性注意就是指：你会按照自己的意愿选择或者注意能支持你观点的信息，从而实现自我证实，最终证明自己的观点是对的。在这种情况下，就容易形成两种不同循环的结果。一种是正向循环。比如你觉得自己幽默风趣，别人喜欢与你聊天，这时候你就会注意到，你说了一句话，虽然有些人在看手机，但有人笑了。因为这样的信息，你就更加愿意去花心思逗笑对方，从而加深对自己最初的评价——"我很幽默风趣"。另一种则是负向循环。同样举个例子，你觉得自己能力比较差，那些优秀的人都不会喜欢与你接触。所以你选择注意的内容，其实潜移默化中影响着你对自我的正确评价。你觉得别人对你冷漠，那就只会注意到对方没有和你打招呼，却忽略了她刚刚被老板斥责了，正心情不佳。想要重新客观地认识评价自己，除了可以问问别人的评价，与你自己的认知作对比，还可以每天做练习。

观察自己的选择性思维，从而转变自己的心理习惯，更积极地看待他人、认识自己。大家可以按照以下三个步骤来操作：

第一，挑战自己的选择性注意。回忆当天别人对你做了什么有利的事情，当时你的感受如何，你有没有拒绝别人的好意。

第二，挑战自己的选择性记忆。想一下你有没有为别人做什么好的事情，当时对方的反应是怎样的。

第三，挑战自己的选择性理解。以当天发生的一件让你不开心的事情为例，思考一下是否可以从其他积极的角度去看待这件事？观察自己是否有认知偏差。

美国科研人员进行过一项有趣的心理学实验，名为"伤痕实验"。他们向参与其中的志愿者宣称，该实验旨在观察人们对身体有缺陷的陌生人作何反应，尤其是面部有伤痕的人。每位志愿者都被安排在没有镜子的小房间里，由好莱坞的专业化妆师在其左脸做出一道血肉模糊、触目惊心的伤痕。志愿者被允许用一面小镜子照照化妆的效果后，镜子就被拿走了。关键的是最后一步，化妆师表示需要在伤痕表面再涂一层粉末，以防止它被不小心擦掉。实际上，化妆师用纸巾偷偷抹掉了化妆的痕迹。对此毫不知情的志愿者，被派往各医院的候诊室，他们的任务就是观察人们对其面部伤痕的反应。

规定的时间到了，返回的志愿者竟无一例外地叙述了相同的感受：人们对他们比以往粗鲁无理、不友好，而且总是盯着他们的脸看！可是实际上，他们的脸上与往常并没什么不一样；他们之所以得出那样的结论，看来是错误的自我认知影响了他们的判断。这真是一个发人深省的实验。原来，一个人内心怎样看待自己，在外界就能感受到怎样的眼光。同时，这个实验也从一个侧面验证了一句西方格言："别人是以你看待自己的方式看待你。"

一个从容的人，感受到的多是平和的眼光。一个自卑的人，感受到的多是歧视的眼光。一个和善的人，感受到的多是友好的眼光；一个叛逆的人，感受到的多是挑剔的眼光。可以说，有什么样的内心世界，就有什么样的外界眼光。如此看来，一个人若是长期抱怨自己的处境冷漠、不公、缺少阳光，那就说明，真正出问题的，正是他自己的内心世界，是他对自我的认知出了偏差。这个时候，需要改变的正是自己的内心；而内心的世界一旦改善，身外的处境必然随之好转。毕竟，在这个世界上，只有你自己才能决定别人看你的眼光。

还有一个故事：一个小姑娘觉得自己长得丑陋，非常自卑。有一天她买了一个漂亮的蝴蝶结戴在头上，从镜子中她看到戴着蝴蝶结的她漂亮极了。于是，她非常自信地跑回家。一路上人们都在夸赞她漂亮，听了赞美的话她就更高兴了。到家后面对镜子，她发现蝴蝶结已经不在头上了，原来刚一出店门蝴蝶结就掉了。

无论什么时候都不要讨厌自己，对于那些已经无法改变的客观事实，与其整天抱怨痛苦，还不如坦然地自我悦纳。如果是可以改变的缺点，那就让我们及时地努力去改掉它吧。

在求职的过程中，如果对自己的主观评价与社会对自己的客观评价趋于一致，就容易成功；如果主观评价偏高于社会的客观评价，往往会导致碰壁、失败；如果主观评价偏低于社会的客观评价，往往会导致信心不足，犹豫不决，很可能会错失良机。因此，认识自我是成功走向社会的必要条件。我们应先了解自己的气质、性格、能力等，以便确定切合实际的求职目标。

这里，我们可以通过自我剖析认识自己。要经常对自己的心理、行为进行剖析，使自我评价逐步接近客观实际。自负者要经常作自我批评；自卑者要看到自己的长处，增强自信心。

我们也可以通过比较来认识自己，有了比较才有鉴别。事实上，人们往往是通过与别人的比较来认识自己的。一是与同学比较来认识自己，不仅比考试分数，更应注重实际能力的比较。通过比较，可以认识自己的长处和不足，认清自己在相比较的人群中所处的位置，以便扬长避短。二是通过别人的态度来认识自己，当然，别人的态度不一定能全面评价一个人，但大多数人的态度总能说明某些问题的。一个求职者如果不注意与共同竞争者相比较，就很难判断出自己的成功概率。

另外，我们还可以通过咨询来了解自己。可向就业指导教师和辅导员咨询，也可征求同学、家长和熟悉自己的人的意见。长期学习、生活在一起的人对自己的言行看在眼里，印象很深，对自己的评价会更公正、更客观。

这样就可以通过不断地反思和总结，去达到较高的认知水平。这里有以下几点供同学们参考：

（1）承认自我的价值。我们在别人的目光里并不只是一个简单的物体，而是有思考、有地位、有意志。我们的目的既不是心甘情愿被人操纵，也不是妄图操纵别人，而是仅仅有能力去表达自己。

（2）发现自我的缺陷。而不做错误的执着。只有放弃"自我"满足感的意识,我们在社会生活中才能轻松和平淡地应对一切,减少苦的产生,认识自我平静的本性。只要是在"自我"的一切欲望和执取之中,自己就永远超越不了自己。

(3)勇担责任的担当。保持正确的思维判断,既不是随意附和,也不是任意胡为。自己需要为自己的行为负责,为自己的行为后果承担责任。人需要为自己承担一定的义务,而不仅仅是完成自己的生物生命,也就是需要在短暂的生命过程里做出些对自己对他人都有价值有意义的事情。

活动展示

学生以小组为单位,派代表在班级内轮流总结本小组参加此次活动后的心得体会。各小组互评,教师点评,综合小组和教师的评价,评选最优表现小组。

活动评价

本活动的活动评价表见表4-3-1。

活动评价表　　　　　　　　　　表4-3-1

评分项（占比）	是否达到目标（30%）	活动表现（40%）	职业素养（30%）
评价标准（占比）	1.完全达到； 2.基本达到； 3.未能达到	1.积极参与； 2.主动性一般； 3.未积极参与	1.大幅提高； 2.略有提高； 3.没有提高
自我评价(20%)			
组内评价(20%)			
组间评价(30%)			
教师评价(30%)			
总分(100%)			
自我总结			

活动二：挑战飞行棋

各位小伙伴们，经过了一学期的学习，大家应该基本上知道了我们在校期间的学习安排了吧！我想大家应该对我们在校的生活、将来的就业有了一个初步的打算，现在我们就一起分享一下吧。

活动场景

各小组根据本学期所学内容，将我们每个学期要学习的课程、要举行的活动、参加的考试、技能比赛等以时间为主线画成飞行棋棋盘，并根据自己的喜好设置陷阱，将课程目标或职业目标作为问题提问。

飞行棋棋盘画好后向全班展示、讲解玩法，然后邀请其他小组成员加入游戏。

活动目标

（1）能够说出在校期间各学年的课程设置以及各课程的目标，并制定出自己的学习目标。

（2）对自己的职业有初步的打算，并能说出实现打算的方法。

活动计划

1 名策划人员：＿＿＿＿＿＿＿ 3 名信息收集人员：＿＿＿＿＿＿＿

3 名信息整理人员：＿＿＿＿＿＿＿ 2 名棋盘绘制人员：＿＿＿＿＿＿＿

1 名棋盘讲解人员：＿＿＿＿＿＿＿ 1 名颁奖人员：＿＿＿＿＿＿＿

1 名比赛裁判：＿＿＿＿＿＿＿

活动资源

一、飞行棋棋盘参考图

飞行棋棋盘参考图如图 4-3-1 所示。

二、课程设置及目标

课程设置及目标可参考本书项目二。

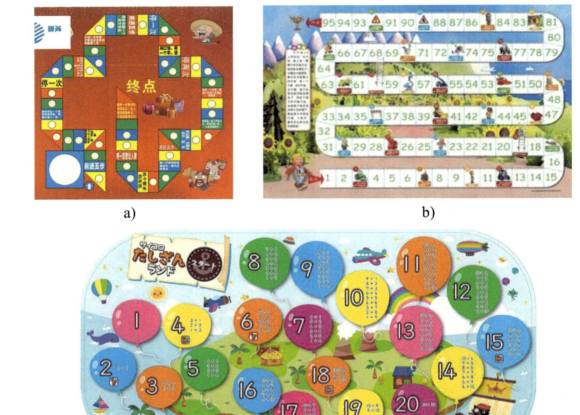

图 4-3-1 飞行棋棋盘参考图

三、职业目标达成方法

1. 基本注意事项

(1)要谦虚谨慎。面试和面谈的区别之一就是面试时对方往往是多数人,其中不乏专家、学者,求职者在回答一些比较有深度的问题时,切不可不懂装懂,有不明白的地方就要虚心请教或坦白说不懂,这样才会给用人单位留下诚实的好印象。

(2)要机智应变。当求职者一人面对众多考官时,其心理压力很大,面试的成败大多取决于求职者是否能机智果断,随机应变,能当场把自己的各种聪明才智发挥出来。首先,要注意分析面试类型,如果是主导式面试,你就应该把目标集中投向主考官,认真礼貌地回答问题;如果是答辩式面试,你则应把目光投向提问者,切不可只关注甲方而冷待乙方;如果是集体式面试,分配给每个求职者的时间很短,事先准备的材料可能用不上,这时最好的方法是根据考官的提问在脑海里重新组合材料,言简意赅地作答,切忌长篇大论。其次要避免尴尬场面,在回答问题时常遇到这些情况,如未听清问题便回答,听清了问题自己一时不能作答,回答时出现错误或不知怎么答等,可能使你处于尴尬的境地。避免尴尬的技巧是:对未听清的问题,可以请求对方重复一遍或请考官提下一个问题,等考虑成熟后再回答前一个问题;遇到偶然出现的错误也不必耿耿于怀而打乱后面的思路。

(3)要扬长避短。每个人都有自己的特长和不足,无论是在性格上还是在专业都是这样。因此在面试时一定要注意扬己所长,避己所短。必要时可以婉转地说明自己的长处和不足,用其他方法加以弥补。例如有些考官会问你这样的问题:"你曾经犯过什么错误吗?"你这时候就可以选择这样回答:"以前我一直有一个粗心的毛病,有一次实习时,由于我的粗心把公司的一份材料弄丢了,害得老总狠狠地把我批评了一顿。后来我经常和公司里一个非常细心的女孩子合作,也从她那里学来了很多处理事情的好办法,一直到现在,我都没有因为粗心再犯什么错。"这样的回答,既可以说明你曾经犯过这样的错误,回答了招聘官提出的问题,也表明了那样的错误只是以前出现,现在已经改正了。

(4)显示潜能。面试的时间通常很短,求职者不可能把自己的全部才华都展示出来,因此要抓住一切时机,巧妙地显示潜能。例如,应聘会计职位时,可以将正在参加计算机专业的业余学习情况"漫不经心"地诉出来,可使对方认为你不仅能熟练地掌握会计业务,而且具有发展会计业务的潜力;报考秘书工作时,可以借主考官的提问,把自己的名字、地址、电话等简单资料写在准备好的纸上,顺手递上去,以显示自己写一手漂亮字体的能力等。显示潜能时要实事求是、简短、自然、巧妙,否则也会弄巧成拙。

2.面试时如何消除紧张感

由于面试成功与否关系到求职者的前途,所以大学生面试时往往容易产生紧张情绪,有的大学生可能还由于过度紧张导致面试失败。所以出现紧张情绪在面试中是常见的。紧张是应考者在考官面前精神过度集中的一种心理状态,初次参加面试的人都会有紧张感,慌慌张张、粗心大意、说东忘西、词不达意的情况是常见的。那么怎样才能在面试时克服、消除紧张情绪呢?

（1）要保持"平常心"。在竞争面前，人人都会紧张，这是一个普遍的规律。面试时你紧张，别人也会紧张，这是客观存在的，要接受这一客观事实。这时你不妨坦率地承认自己紧张，也许会求得理解。同时要进行自我暗示，提醒自己镇静下来，常用的方法是或大声讲话，把面对的考官当熟人对待；或掌握讲话的节奏，"慢慢道来"；或握紧双拳、闭目片刻，先听后讲；或调侃两三句等，这些方式都有助于消除紧张情绪。

（2）不要把成败看得太重。"胜败乃兵家常事"，要这样提醒自己，如果这次不成，还有下一次机会；这个单位不聘用，还有下一个单位面试的机会等着自己；即使求职不成，也不是说你一无所获，你可以分析这次面试过程中的失败之处，总结宝贵的面试经验，以新的姿态迎接下一次的面试。在面试时不要老想着面试结果，要把注意力放在谈话和回答问题上，这样就会大大消除你的紧张感。

（3）不要把考官看得过于神秘。并非所有的考官都是经验丰富的专业人才，考官可能在陌生人面前也会紧张，认识到这一点就用不着对考官过于畏惧，精神也会自然放松下来。

（4）要准备充分。实践证明，面试时准备得越充分，紧张程度就越小。考官提出的问题你都会，还紧张什么？"知识就是力量"，知识也会增加胆量。面试前除了进行道德、知识、技能、心理准备外，还要了解和熟悉求职的常识、技巧、基本礼仪，必要时同学之间可模拟考场，事先多次演练，互相指出不足，相互帮助、相互模仿，这样，到面试时紧张程度就会减少。

（5）要增强自信心。面试时应聘者往往要接受多方的提问，迎接多方的目光，这是造成紧张的客观原因之一。这时你不妨将目光盯住主考官的脑门，用余光注视周围，既可增强自信心又能消除紧张感。在面试过程中，考官们可能交头接耳，小声议论，这是很正常的，不要把它当成精神负担，而应作为提高面试能力的动力，你可以想象他们的议论是对你的关注，这样你就可以增加信心，提高面试的成功率。面试中，考官可能提示你回答问题时的不足甚至错误，这也没有必要紧张，因为每个人都难免出点差错，能及时纠正就纠正，是事实就坦率承认，不合事实还可婉言争辩，关键要看你对问题的理解程度和你敢于和主考官争辩真伪的自信程度。

活动展示

学生以小组为单位，派代表在班级内轮流展示本小组的活动成果，各小组互评,教师点评。根据综合小组和教师的评价,评选出最优表现小组。

活动评价

本活动的活动评价表见表4-3-2。

活 动 评 价 表　　　　　　表4-3-2

评分项 （占比）	是否达到目标 （30%）	活动表现 （40%）	职业素养 （30%）
评价标准 （占比）	1.完全达到； 2.基本达到； 3.未能达到	1.积极参与； 2.主动性一般； 3.未积极参与	1.大幅提高； 2.略有提高； 3.没有提高
自我评价(20%)			
组内评价(20%)			
组间评价(30%)			
教师评价(30%)			
总分(100%)			
自我总结			

任务四　撰写学习成长规划书

任务目标

（1）能够撰写学习成长规划。
（2）能够熟练介绍自己的学习成长规划。

活动:演讲比赛

活动:演 讲 比 赛

一份好的学习成长规划,应当包含四个方面的内容:自我认知(知道自己的优势和劣势,给自己一个客观的评价);制订学习生活计划(提前规划好未来几年的学校生活);制订求职计划(毕业后自己心仪的工作是什么样的,自己适合什么样的工作岗位);计划总结(为了达到目标,自己需要付出什么样的努力)。

活动场景

举行班级演讲比赛,演讲的内容为"学习成长规划",要求参赛选手提前做好学习成长规划PPT(图文并茂)。比赛分初赛和决赛,初赛由班内各组自行组织,初赛结束后,各组推荐一名同学参加班级决赛。

活动目标

(1)能将自己撰写的"学习成长规划"配上图片做成PPT。
(2)能在规定时间内,配合PPT将自己的"学习成长规划"用普通话流利地表达出来。

活动计划

1. 分工
3~4名评委:_____ 1名主持人:_____
1名摄像人员:_____ 1名拍照人员:_____
2名比赛策划:_____ 1名颁奖人员:_____
1名宣传人员:_____
2. 设备准备

3.制订演讲比赛策划方案

_____

_____

4.制定演讲比赛评分标准

_____

_____

活动资源

演 讲 技 巧

演讲技巧一般认为有以下几点。

1.做好演讲前的准备

演讲前的准备包括了解听众、熟悉主题和内容、搜集素材和资料、准备演讲稿、做适当的演练等。

2.选择优秀的演讲者

优秀的演讲者应满足以下条件：

（1）具有较强的语音能力和技巧；

（2）具有演讲的热情；

（3）具有演讲的理智与智慧；

（4）具有演讲的仪表、状态。

3.运用演讲艺术

演讲艺术包括开场白的艺术、结尾的艺术、立论的艺术、举例的艺术、反驳的艺术、幽默的艺术、鼓动的艺术、语音的艺术、表情动作的艺术等，通过运用各种演讲艺术，使演讲具备两种力量——逻辑的力量和艺术的力量。

4.演讲时的姿势

演讲时的姿势也会带给听众某种印象，如堂堂正正的印象或者畏畏缩缩的印象。虽然个人的性格与平日的习惯对此影响颇大，不过一般而言仍有方便演讲的姿势，即所谓"轻松的姿势"。要让身体放松，反过来说就是不要过度紧张。过度的紧张不但会表现出笨拙僵硬的姿势，而且对于舌头的动作也会造成不良的影响。

5.演讲时的视线

在大众面前说话，不可以漠视听众的眼光、避开听众的视线来说话。尤其当你走到麦克风旁边,站立在大众面前的那一瞬间,来自听众的视线有时甚至会让你觉得紧张。克服这股视线压力的秘诀,就是一面进行演讲,一面从听众当中找寻对于自己投以善意而温柔眼光的人。

6. 演讲时的脸部表情

演讲时的脸部表情无论好坏都会带给听众极其深刻的印象。紧张、疲劳、喜悦、焦虑、等情绪无不清楚地表露在脸上,这是很难由本人的意志加以控制的。演讲的内容即使再精彩,如果表情缺乏自信,老是畏畏缩缩,演讲就很容易变得欠缺说服力。

7. 声音和腔调

声音和腔调乃是与生俱来的,不可能在一朝一夕间有所改善。不过音质与措辞对于整个演说影响颇大,这倒是事实。要让自己的声音清楚地传达给听众。即使是音质不好的人,如果能够秉持自己的主张与信念,依旧可以吸引听众的热切关注。说话的速度也是演讲的要素。为了营造沉着的气氛,说话稍微慢点是很重要的。

活动评价

本活动的活动评价表见表 4-4-1。

活 动 评 价 表　　　　　表 4-4-1

评分项 (占比)	是否达到目标 (30%)	活动表现 (40%)	职业素养 (30%)
评价标准 (占比)	1. 完全达到; 2. 基本达到; 3. 未能达到	1. 积极参与; 2. 主动性一般; 3. 未积极参与	1. 大幅提高; 2. 略有提高; 3. 没有提高
自我评价(20%)			
组内评价(20%)			
组间评价(30%)			
教师评价(30%)			
总分(100%)			
自我总结			

参 考 文 献

[1] 崔胜民. 一本书读懂智能网联汽车[M]. 北京:化学工业出版社,2019.
[2] 崔胜民,俞天一,王赵辉. 智能网联汽车先进驾驶辅助系统关键技术[M]. 北京:化学工业出版社,2019.
[3] 崔胜民,卞合善. 智能网联汽车环境感知技术[M]. 北京:人民邮电出版社,2020.
[4] 崔胜民. 智能网联汽车新技术[M]. 2版. 北京:化学工业出版社,2021.
[5] 崔胜民. 智能网联汽车自动驾驶仿真技术[M]. 北京:化学工业出版社,2020.
[6] 李俨. 5G与车联网——基于移动通信的车联网技术与智能网联汽车[M]. 北京:电子工业出版社,2019.
[7] 程增木. 智能网联汽车技术入门一本通[M]. 北京:机械工业出版社,2021.
[8] 李柏,葛雨明. 智能网联汽车协同决策与规划技术[M]. 北京:机械工业出版社,2020.